BUREAU MUNICIPAL D'HYGIÈNE DE NICE

ÉTUDE
SUR LA MORTALITÉ

DE LA

PREMIÈRE ENFANCE

DANS LA POPULATION URBAINE DE LA FRANCE

DE 1892 A 1897

PAR

Le Docteur A. BALESTRE

Professeur agrégé,
Directeur du Bureau d'Hygiène,

ET

A. GILLETTA DE SAINT-JOSEPH

Secrétaire du Bureau d'Hygiène.

PARIS

OCTAVE DOIN, ÉDITEUR

8, PLACE DE L'ODÉON, 8

1901

ÉTUDE

SUR LA MORTALITÉ

DE LA

PREMIÈRE ENFANCE

BUREAU MUNICIPAL D'HYGIÈNE DE NICE

ÉTUDE

SUR LA MORTALITÉ

DE LA

PREMIÈRE ENFANCE

DANS LA POPULATION URBAINE DE LA FRANCE

DE 1892 A 1897

PAR

Le Docteur A. BALESTRE

Professeur agrégé,
Directeur du Bureau d'Hygiène,

ET

A. GILLETTA DE SAINT-JOSEPH

Secrétaire du Bureau d'Hygiène.

Avec figures en couleurs dans le texte

PARIS

OCTAVE DOIN, ÉDITEUR

8, PLACE DE L'ODÉON, 8

1901

MORTALITÉ
DE LA PREMIÈRE ENFANCE

DANS

LA POPULATION URBAINE DE LA FRANCE

DE 1892 A 1897

CHAPITRE PREMIER

CONSIDÉRATIONS GÉNÉRALES

Les recherches que nous venons exposer portent sur la population de 681 villes de France, ayant une population totale de 13.190.721 habitants, pendant les six années comprises entre 1892 et 1897.

Cette population, en six ans, a fourni 1.749.943 décès, ce qui donne par an 22.12 décès par 1.000 habitants.

Sur ce chiffre de 1.749.943 décès de tout âge, 292.363 décès sont fournis par des enfants de 0 à 1 an, ce qui donne les proportions suivantes par an ; pour 1.000 habitants 3.69 décès de 0 à 1 ans ; pour 1.000 décès 167.10.

Nous n'avons pas eu de renseignements suffisants pour étudier à part la mortalité des enfants légitimes et celle des enfants naturels.

Ces chiffres sont la moyenne de la mortalité de la population urbaine des 87 départements français en six ans. Cette moyenne est fournie par 87 termes dont les extrêmes sont fournis : le plus fort, par le département du Nord avec 283.67 décès de 0 à 1 an sur 1.000 décès de tout âge ; le plus faible, par le département du Gers avec 80.51 décès de 0 à 1 an pour 1.000 décès de tout âge.

L'écart très grand qui existe entre les deux termes indique d'une manière certaine que la part énorme que la mort prélève tous les ans sur la population infantile française peut être considérablement réduite.

1

Nous donnons ci-après la liste des départements français rangés par ordre de mortalité infantile décroissante.

DE 1892 A 1897 SUR 1.000 DÉCÈS DE TOUT AGE, IL S'EST PRODUIT PAR AN DE 0 A 1 AN

A. — Plus de 250 décès :
(2 départements)

1. — Nord	283.67
2. — Seine-Inférieure	256.19

B. — De 200 à 250 décès :
(5 départements)

3. — Haut-Rhin	244.37
4. — Pas-de-Calais	235.51
5. — Marne	233.23
6. — Aube	223.32
7. — Vosges	220.05

C. — De 175 à 200 décès :
(8 départements)

8. — Corse	192.98
9. — Cantal	191.63
10. — Somme	191.39
11. — Meurthe-et-Moselle	189.71
12. — Aisne	184.30
13. — Finistère	183.80
14. — Aveyron	178.69
15. — Meuse	176.17

D. — De 150 à 175 décès :
(24 départements)

16. — Gard	173.86
17. — Ardennes	172.41
18. — Hautes-Alpes	171.58
19. — Bouches-du-Rhône	171.11
20. — Maine-et-Loire	167.47
21. — Charente-Inférieure	165.82
22. — Haute-Saône	165.22
23. — Ardèche	164.77
24. — Loire	163.43
25. — Var	163.05
26. — Oise	162.82
27. — Saône-et-Loire	161.82
28. — Eure-et-Loir	159.80
29. — Loire-Inférieure	158.72
30. — Doubs	157.91
31. — Pyrénées-Orientales	157.72

32. — Seine-et-Marne	156.43
33. — Haute-Vienne	154.62
34. — Seine-et-Oise	154.54
35. — Alpes-Maritimes	153.68
36. — Tarn	153.18
37. — Morbihan	152.86
38. — Ille-et-Vilaine	152.39
39. — Seine	151.15

E. — De 125 à 150 décès :
(32 départements)

40. — Basses-Alpes	147.73
41. — Haute-Marne	147.49
42. — Loiret	146.38
43. — Vendée	145.80
44. — Eure	144.18
45. — Isère	142.09
46. — Corrèze	140.79
47. — Manche	140.52
48. — Savoie	139.54
49. — Côte-d'Or	138.90
50. — Drôme	138.86
51. — Calvados	138.27
52. — Indre-et-Loire	137.32
53. — Vaucluse	136.96
54. — Ariège	135.24
55. — Sarthe	134.72
56. — Cher	133.25
57. — Hérault	132.37
58. — Haute-Loire	130.68
59. — Côtes-du-Nord	130.51
60. — Lozère	130.26
61. — Allier	129.74
62. — Haute-Garonne	129.29
63. — Jura	129.00
64. — Gironde	128.52
65. — Loir-et-Cher	128.41
66. — Vienne	128.23
67. — Lot-et-Garonne	127.15
68. — Tarn-et-Garonne	126.49
69. — Rhône	125.94
70. — Dordogne	125.69
71. — Aude	125.58

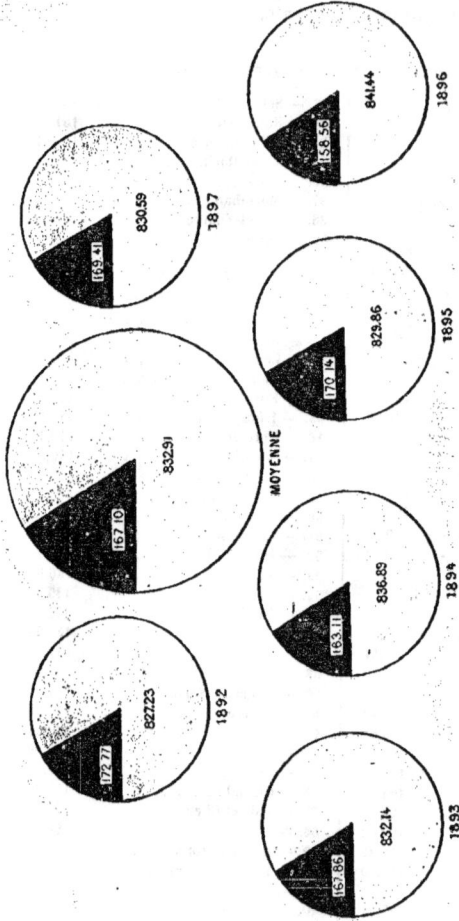

LE SECTEUR NOIR INDIQUE LA PART DE LA MORTALITÉ DE 0 A 1 AN DANS LA MORTALITÉ GÉNÉRALE
DE LA POPULATION URBAINE DE LA FRANCE

830.59 — 1897
169.41

84.44 — 1896
15.8 56

832.91 — MOYENNE
167.10

823.86 — 1895
170.14

836.89 — 1894
163.11

827.23 — 1892
172.77

832.14 — 1893
167.86

Fig. 1.

F. — De 100 à 125 décès :

(14 départements)

72. — Creuse 124.94
73. — Hautes-Pyrénées 124.93
74. — Charente 121.48
75. — Puy-de-Dôme 118.64
76. — Nièvre 117.27
77. — Basses-Pyrénées 116.95
78. — Yonne 116.62
79. — Deux-Sèvres 113.43

80. — Orne 112.58
81. — Mayenne 112.14
82. — Haute-Savoie 110.42
83. — Indre 110.30
84. — Landes 110.07
85. — Lot 107.36

G. — Moins de 100 décès :

(2 départements)

86. — Ain 90.79
87. — Gers 80.51

Ces chiffres représentent des moyennes par département; ils montrent déjà l'écart considérable qui existe généralement entre les départements agricoles et les départements industriels; mais ils ne peuvent servir que d'introduction à l'étude de la mortalité. En effet, la moyenne du département est fournie par la moyenne des villes qui y sont situées; celles-ci sont dans des conditions très dissemblables; il arrive que dans tel département un certain nombre de localités ont une mortalité infantile assez faible; d'autres communes ont une forte mortalité; la moyenne ne saurait traduire ces écarts qui ont cependant une grande importance.

TABLEAU II

ORDRE DANS LEQUEL LES DÉPARTEMENTS SONT RANGÉS SUIVANT L'IMPORTANCE DE L'ÉCART QUI SÉPARE LA MORTALITÉ INFANTILE DE LA COMMUNE OÙ ELLE EST MAXIMA DE LA COMMUNE OÙ ELLE EST MINIMA.

N° d'ordre.	DÉPARTEMENT	RANG qu'il occupe au tableau n° 1.	SUR 1.000 DÉCÈS combien de décès de 0 à 1 an.	COMMUNE où la mortalité infantile est maxima.	SUR 1.000 DÉCÈS de cette commune combien de 0 à 1 an.	COMMUNE où la mortalité infantile est minima.	SUR 1.000 DÉCÈS de cette commune combien de 0 à 1 an.	Différence entre la mortalité maxima et la mortalité minima.
1	Nord	1	283.67	St-Pol-sur-Mer.	509,96	Vieux Condé .	129,08	380,88
2	Oise	26	162.82	Montataire . .	318,47	Clermont . . .	37,69	280,78
3	Pas-de-Calais .	4	235.51	Liévin	374,21	Montreuil-s.-M.	114,03	260,18
4	Maine-et-Loire	20	167.47	Trélazé . . .	289,17	Beaugé . . .	70,83	218,34
5	Seine	39	151.15	Pantin . . .	251,82	Nanterre . . .	42,64	209,18
6	Tarn	36	153.18	Carmaux . .	316,85	Castres . . .	113,98	202,87
7	Loire	24	163.43	la Ricamarie .	317,19	Charlieu . . .	118,34	198,85
8	Saône-et-Loire	27	161.82	Montceau-les-Mines . . .	276 »	Charolles . . .	78.69	197,34

N° d'ordre	DÉPARTEMENT	RANG qu'il occupe au tableau n° 1	SUR 1,000 DÉCÈS combien de décès de 0 à 1 an	COMMUNE où la mortalité infantile est maxima	SUR 1,000 DÉCÈS de cette commune combien de 0 à 1 an	COMMUNE où la mortalité infantile est minima	SUR 1,000 DÉCÈS de cette commune combien de 0 à 1 an	Différence entre la mortalité maxima et la mortalité minima
9	Seine-Infér.	2	256.19	Graville	376.70	Yvetot	187.77	188.93
10	Rhône	69	125.94	Cours	259.49	Calluire-Cuire	76.33	183.16
11	Gard	16	173.86	la Grand'Combe	309.61	Beaucaire	129.89	179.72
12	Loire-Infér.	29	158.72	Montoir de Bretagne	238.87	Paimbœuf	66.46	172.41
13	Bouches-du-Rhône	19	171.11	Châteaurenard	275.95	Aix	104.15	171.80
14	Puy-de-Dôme	75	118.64	Saint-Rémy-du-Rolle	247.54	Riom	88.91	158.83
15	Seine-et-Oise	34	154.54	Villeneuve	254.32	Saint-Cloud	97.22	157.10
16	Marne	5	233.23	Aÿ	296.75	Mourmelon-le-Graud	139.69	157.06
17	Morbihan	37	152.86	Languidie	227.86	Plœmeur	70.86	157 »
18	Meuse	15	176.17	Ligny-en-Barrois	258.21	Montmédy	104.09	154.12
19	Somme	10	191.39	Albert	265.28	Péronne	116.17	149.11
20	Manche	47	140.52	Tour-la-Ville	226.40	Avranches	81.99	144.41
21	Aveyron	14	178.69	Aubin	266.37	Rodez	124.30	142.07
22	Finistère	13	183.80	Guipavas	253.73	Quimper	112.60	141.13
23	Ardennes	17	172.41	Réthel	236.32	Rocroi	99.57	136.75
24	Haute-Saône	22	165.22	Fougerolles	237.70	Gray	105.92	131.78
25	Charente-Inférieure	21	165.82	Marennes	226.59	St-Jean-d'Angely	95.71	130.88
26	Aube	6	223.32	Sainte-Savine	248.68	Bar-sur-Aube	118.44	130.24
27	Ille-et-Vilaine	38	152.39	Cancale	238.91	Saint-Malo	112 »	126.91
28	Basses-Pyrénées	77	116.95	Hasparren	216.61	Pau	92.15	124.46
29	Hérault	57	132.37	Lunel	194.22	Saint-Pons	70.88	123.84
30	Vosges	7	220.25	Gérardmer	252.20	Neufchâteau	131.82	120.38
31	Calvados	51	138.27	Trouville	227.88	Vire	109.11	118.77
32	Cher	56	133.25	Vierzon	219.66	Sancerre	103.53	116.13
33	Charente	74	121.48	Confolens	186.53	Barbezieux	75.89	111.64
34	Aisne	12	184.30	Hirson	225.57	Soissons	114.70	110.87
35	Alpes-Maritimes	35	153.68	Puget-Théniers	240.26	Antibes	132.35	108.01
36	Allier	61	129.74	la Palisse	165.74	St-Pourçain-sur-Sioule	59.39	106.35
37	Basses-Alpes	40	147.73	Forcalquier	197.97	Sisteron	94.20	103.77
38	Gironde	64	128.52	le Bouscat	175.86	Lesparre	75.39	100.47
39	Meurthe-et-Moselle	11	189.74	Saint-Nicolas	251.53	Briey	152.03	99.50
40	Nièvre	76	117.27	Château-Chinon	158.29	la Charité	61.05	97.24
41	Doubs	30	157.91	Audincourt	225.86	Baume-les-Dames	130.30	95.56
42	Ardèche	23	164.77	Annonay	193.84	Privas	101.09	92.75
43	Creuse	72	124.94	Bourganeuf	180.99	Guéret	98.65	92.34
44	Jura	63	129.00	Saint-Claude	175.54	Lons-le-Saulnier	85.04	90.50

CLASSEMENT DES DÉPARTEMENTS SUIVANT LA MOYENNE
(La teinte de certaines colonnes n'a

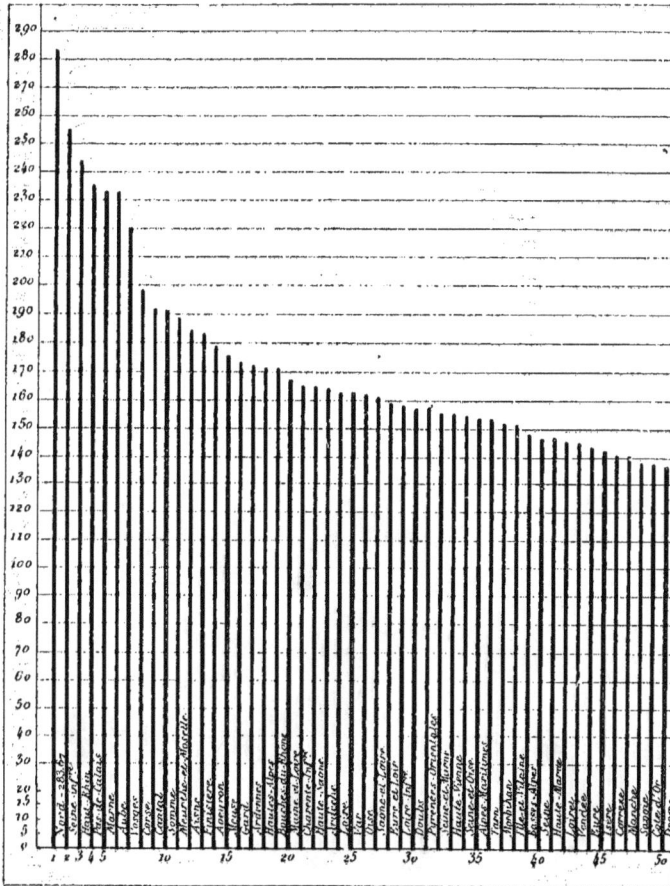

Fig. 2.

DE LA MORTALITÉ INFANTILE URBAINE DE 1892 A 1897
(pour but que de faciliter la lecture.)

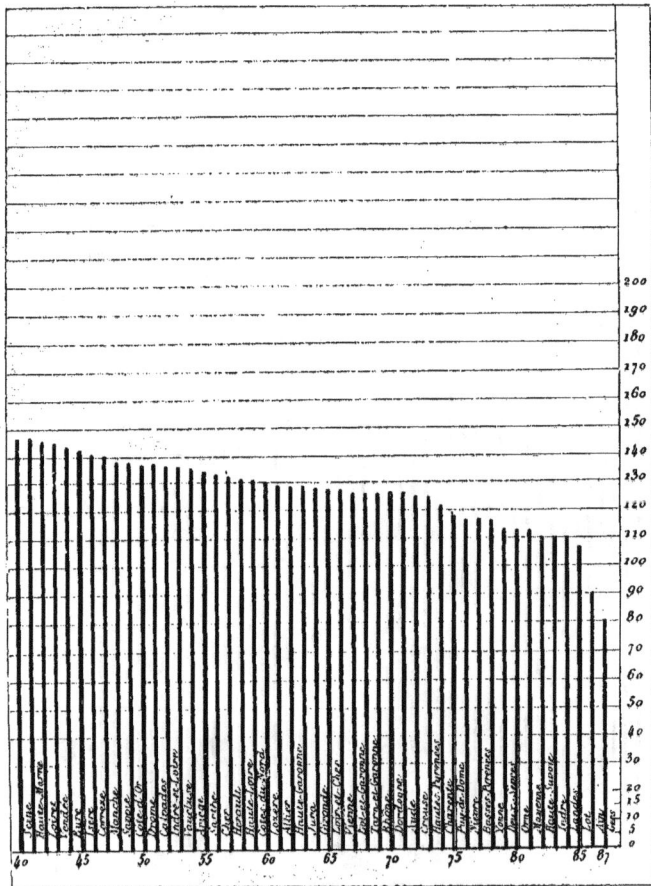

Fig. 2 bis.

N° d'ordre	DÉPARTEMENT	RANG vingt-deuxième au tableau n° 1	SUR 1,000 DÉCÈS combien de décès de 0 à 1 an	COMMUNE où la mortalité infantile est maxima	SUR 1,000 DÉCÈS de cette commune combien de 0 à 1 an	COMMUNE où la mortalité infantile est minima	SUR 1,000 DÉCÈS de cette commune combien de 0 à 1 an	Différence entre la mortalité maxima et la mortalité minima
45	Haute-Loire	58	130.68	Yssingeaux	199.58	le Puy	109.50	90.08
46	Eure-et-Loir	28	159.80	Nogent-le-Rotrou	222.47	Châteaudun	133.53	88.94
47	Savoie	48	139.54	Saint-Jean-de-Maurienne	192.87	Chambéry	104.99	87.88
48	Corse	8	192.98	Sartène	262.05	Bastia	175.78	86.27
49	Corrèze	46	140.79	Ussel	202.57	Brives	118.49	84.08
50	Seine-et-Marne	32	156.43	Montereau	190.22	Fontainebleau	106.59	83.63
51	Var	25	163.05	la Seyne	204.02	Draguignan	120.43	83.59
52	Ariège	54	135.24	Pamiers	168.79	Foix	85.25	83.54
53	Sarthe	55	134.72	la Ferté-Bernard	179.27	Mamers	96.85	82.42
54	Haute-Vienne	33	154.62	Saint-Junien	208.77	Bellac	126.48	82.29
55	Vendée	43	145.89	Noirmoutiers	193.05	Fontenay-le-Comte	114.33	78.72
56	Haute-Marne	41	147.49	Vassy	186.47	Langres	107.76	78.71
57	Mayenne	81	112.14	Ernée	170.99	Laval	93.79	77.20
58	Vaucluse	53	136.96	l'Isle	190.66	Apt	113.79	76.87
59	Cantal	9	191.63	Murat	244.05	Saint-Flour	167.29	76.76
60	Hautes-Pyrénées	73	124.94	Lourdes	165.72	Argelez	89.15	76.57
61	Pyrénées-Orientales	31	157.72	Rivesaltes	222.52	Perpignan	148.60	73.92
62	Dordogne	70	125.69	Nontron	156.56	Bergerac	83.55	73.01
63	Hautes-Alpes	18	171.58	Briançon	208.22	Embrun	135.90	72.32
64	Ain	86	90.79	Belley	126.94	Gex	55.68	71.26
65	Deux-Sèvres	79	113.43	Parthenay	168.99	Niort	98.62	70.37
66	Yonne	78	116.62	Sens	146.64	Tonnerre	77.72	68.92
67	Indre-et-Loire	52	137.32	Tours	145.12	Chinon	77.51	67.61
68	Loiret	42	156.38	Gien	193.76	Montargis	129.12	64.64
69	Côtes-du-Nord	59	130.51	Plérin	178.62	Dinan	114.90	63.72
70	Côte-d'Or	49	138.90	Dijon	150.71	Semur	89.38	61.33
71	Lot	85	107.36	Gourdon	153.41	Figeac	92.13	61.28
72	Tarn-et-Garonne	68	126.93	Castelsarrazin	158.93	Moissac	100.17	58.76
73	Gers	87	80.51	Lombez	127.55	Condom	70.25	57.30
74	Haute-Savoie	82	110.42	Saint-Julien	129.17	Bonneville	72.41	56.76
75	Lot-et-Garonne	67	127.15	Tonneins	157.39	Marmande	102.84	54.55
76	Drôme	59	138.86	Romans	158.86	Die	106.95	51.91
77	Isère	45	142.09	Grenoble	154.14	Voiron	103.60	50.54
78	Lozère	60	130.26	Marvejols	160.30	Mende	110.29	50.01
79	Haute-Garonne	62	129.29	Revel	150.06	St-Gaudens	102.63	47.43
80	Landes	84	110.05	Mont-de-Marsan	133.49	Saint-Sever	86.21	47.28
81	Indre	83	110.30	Le Blanc	124.83	la Châtre	78.89	45.94
82	Vienne	66	128.23	Châtellerault	144.65	Loudun	102.61	42.04
83	Aude	71	125.58	Narbonne	141.63	Limoux	99.59	42.04
84	Eure	44	144.18	Les Andelys	161.88	Evreux	121.59	40.29
85	Orne	80	112.58	Flers	180.83	Alençon	92.68	38.15
86	Loir-et-Cher	65	128.41	Romorantin	157.14	Blois	122.12	35.02

Le tableau II montre les écarts observés dans chaque département entre la commune qui a la plus forte mortalité infantile et celle où cette mortalité est au minimum. Lorsque cet écart est considérable, on a la preuve qu'au point de vue de la mortalité infantile, la situation des communes est très dissemblable. L'effort à faire pour corriger ce que cette mortalité a d'excessif sera différent suivant la commune considérée.

Lorsque l'écart est faible, la mortalité dans les communes est en théorie uniformément bonne ou mauvaise. On remarquera cependant que les départements où l'écart est faible entre la commune qui a la mortalité infantile maxima et celle qui a la mortalité infantile minima, sont généralement ceux où la mortalité infantile est relativement peu élevée et où les conditions sont presque satisfaisantes. Il s'ensuit que les départements chargés doivent principalement leurs chiffres élevés à la mortalité infantile excessive de certaines communes, qui présentent des conditions particulièrement mauvaises.

L'étude de la mortalité infantile par commune serait la base logique du travail que nous avons entrepris. Malheureusement les documents officiels n'en fournissent pas les éléments. Pour les villes au-dessous de 30.000 habitants les publications du Ministère de l'Intérieur ne donnent ni les décès par mois, ni les causes des décès ; il est à souhaiter que cette grave lacune soit comblée. De plus, il serait imprudent d'effectuer des calculs compliqués sur les chiffres absolus peu élevés que fournissent les petites villes ; on risque de déformer les faits démographiques que l'on étudie.

Si nous nous bornons à examiner le tableau 2 qui fournit pour chaque département les villes extrèmes, on sera encore frappé de ce fait que la liste des villes les plus chargées renferme bon nombre de villes industrielles et minières. Si l'on examine la liste des communes qui représentent la mortalité minima dans chaque département, on y verra au contraire généralement des petites villes qui participent un peu de la vie agricole, où la vie est simple et où cependant on trouve des ressources suffisantes. Il est vrai qu'on peut qualifier de même beaucoup de villes qui figurent dans la liste de la mortalité maxima ; sauf pour les villes maritimes industrielles et minières où la mortalité est généralement forte, on peut dire que l'examen de ces listes ne dégage aucune influence générale et que la mortalité infantile est régie par des causes particulières qu'une enquête locale peut seule mettre en évidence.

Si l'on prend la mortalité moyenne de 38 villes qui ont une mortalité inférieure à 100 pour 1,000, on obtient le chiffre de 80.40 qui semble exprimer la mortalité moyenne qui devrait être considérée comme normale. A la fin de ce travail, nous arriverons à un chiffre très voisin par un autre procédé. Cette valeur semble donc être vraie et nous pouvons provisoirement la prendre pour terme de comparaison.

CHAPITRE II

DOCUMENTS STATISTIQUES

Dans notre étude, nous avons suivi les divisions adoptées par les publications du Ministère de l'Intérieur en défalquant cependant les villes qui n'ont point fourni de renseignements en 1896. Mais pendant l'exécution des calculs, on a dû suivre les chiffres du recensement de 1891 et les groupes de villes ont été constitués d'après ce recensement. Or il est arrivé que de 1891 à 1896, certaines villes ont passé d'un groupe dans un autre. Ceci, explique comment, suivant les tableaux consultés, les chiffres totaux ne sont pas rigoureusement d'accord.

Ce manque de concordance provient de ce que les unités additionnées ne sont pas toujours les mêmes. La chose importe peu quant aux conclusions, car nous avons comparé les décès infantiles aux décès généraux et non à la population. Les groupements de villes sont purement arbitraires et n'ont eu pour but que de rendre l'explication plus claire et plus facile.

Comme les bulletins officiels, nous avons divisé les villes en quatre groupes :

1° Paris avec sa population de 2.511.629 habitants.

2° Onze villes dont la population est comprise entre 100 et 500.000 habitants, (Bordeaux ; Saint-Étienne ; le Havre ; Lille ; Lyon ; Marseille ; Nantes ; Reims ; Roubaix ; Rouen et Toulouse ; comprenant ensemble 2,365,238 habitants.)

3° Quarante-sept villes dont la population est comprise entre 30.000 et 100.000 habitants (Amiens ; Angers ; Angoulême ; Avignon ; Besançon ; Béziers ; Boulogne-sur-Mer; Boulogne-sur-Seine ; Bourges; Brest ; Caen ; Calais ; Cette ; Cherbourg ; Clermont-Ferrand ; Clichy ; le Creusot ; Saint-Denis ; Dijon ; Douai ; Dunkerque ; Grenoble ;

Levallois ; Laval ; Limoges ; Lorient ; le Mans ; Montluçon ; Montpellier ; Saint-Nazaire ; Neuilly ; Nîmes ; Saint-Ouen ; Orléans ; Pau ; Périgueux ; Perpignan ; Poitiers ; Saint-Quentin ; Rennes ; Roanne ; Rochefort ; Toulon ; Tourcoing ; Tours ; Troyes et Versailles), comprenant une population de 2.421.820 habitants.

Pour ces trois groupes comptant ensemble 7.298.687 habitants, les publications ministérielles donnent le nombre des décès, leurs causes, leur répartition par mois et l'âge des décédés. On possède par conséquent d'indispensables éléments d'étude.

Il n'en est plus de même du quatrième groupe qui comprend 622 villes de moins de 30.000 habitants.

Ce quatrième groupe compte une population de 5.892.034 habitants. Pour les villes qui le composent, on a bien la mortalité par âge, mais on n'a pas pour chaque âge la cause des décès. Nous n'avons donc pu faire de la mortalité qu'une étude sommaire. Une seule cause de mort, la débilité congénitale, s'applique à la première enfance et nous en avons tenu compte.

On a généralement l'habitude de rapporter les décès à la population qui les a fournis ; nous estimons que cette manière de calculer est vicieuse ; pour prendre la population comme base de calcul, il faudrait que son chiffre fût déterminé avec précision et qu'il restât constant. Or, quelque soin qu'on apporte aux recensements, les résultats qu'ils donnent sont seulement approchés : en admettant même qu'ils soient exacts, ils ne sont vrais qu'un instant ; par nature, ils sont incessamment variables.

Nous avons donc abandonné ce mode de calcul et pris pour base de nos recherches le total des décès que l'état civil fournit avec une précision absolue. Au lieu de comparer les décès de l'enfance à un chiffre de population hypothétique, nous l'avons comparé à un chiffre de décès positif et réel.

Sauf indication contraire, nos chiffres et nos proportions donnent non pas des moyennes annuelles fournies par les nombres relevés dans les six années considérées, mais les valeurs réelles qui découlent de ces chiffres. Nous n'avons pas pris pour base un an, mais six ans. Ce procédé ne nous sort pas de la réalité et il rend plus sensibles des résultats moins apparents si on les considère année par année ; comme il sort un peu des habitudes, nous devons en avertir le lecteur.

Mortalité de la première enfance à Paris.

La population de Paris est de 2.511.629 habitants (recensement de 1896).

De 1892 à 1897, il s'est produit à Paris 303.206 décès de tout âge.

Ce chiffre comprend 44.069 décès de 0 à un an soit, pour 1.000 décès 145.31. On a affirmé que beaucoup d'enfants nés à Paris étaient élevés et mouraient dans les départements voisins. Nous n'avons aucun moyen de contrôler cette assertion.

Sur ces 44.069 décès, 16.760 ont été produits par diarrhée et gastro-entérite. De sorte que, sur 1.000 décès de tout âge, 55.27 sont produits de zéro à un an par diarrhée et sur 1.000 décès d'enfants, 380.30 relèvent de la même cause.

Dans cette même période, il y a eu de zéro à un an 7.604 décès par maladies des voies respiratoires ; 8.064 décès par débilité congénitale ; 2.563 décès par maladies contagieuses (fièvre typhoïde, typhus, variole, rougeole, scarlatine, coqueluche et diphtérie) ; ce sont les rubriques officielles : 1.510 décès par maladies tuberculeuses ; 206 décès par cause inconnue et 7.362 par les autres causes.

Ces chiffres nous donnent les proportions suivantes :
Sur 1.000 décès généraux, il y a de zéro à un an.

55.27	décès par	gastro-entérite.
23.08	—	maladies des voies respiratoires.
26.59	—	débilité congénitale.
8.45	—	maladies contagieuses.
4.98	—	maladies tuberculeuses.
0.89	—	cause inconnue.
24.15	—	autres causes.

Et sur 1.000 décès d'enfants de zéro à un an, nous avons :

380.30	décès par	diarrhée et gastro-entérite.
172.51	—	maladies des voies respiratoires.
182.98	—	débilité congénitale.
58.17	—	maladies contagieuses.
34.27	—	maladies tuberculeuses.
4.67	—	cause inconnue.
167.05	—	autres causes.

Examinons, année par année, les causes de mort des enfants de 0 à 1 an.

Nous le résumons dans le tableau suivant :

TABLEAU III

DÉCÈS DE 0 A 1 AN DE LA POPULATION DE PARIS

ANNÉES	TOTAL des décès de 0 a 1 an.	DIARRHÉE	MALADIES des voies respiratoires.	DÉBILITÉ congénitale.	MALADIES contagieuses.	MALADIES tuberculeuses.	CAUSES inconnues.	AUTRES causes.	TOTAL des décès de tout âge.	SUR 1,000 décès de tout âge, combien de décès de 0 a 1 an.
1892	8,562	3,508	1,409	1,336	511	251	36	1,511	54,436	157.01
1893	7,894	2,950	1,444	1,434	471	253	47	1,303	52,955	149.08
1894	7,121	2,596	1,137	1,362	504	249	26	1,247	49,205	145.36
1895	7,009	2,971	1,390	1,402	385	264	32	1,224	51,693	148.87
1896	6,327	2,369	1,001	1,277	347	257	34	1,052	47,929	132.00
1897	6,500	2,376	1,223	1,253	355	236	31	1,026	46,988	138.30
Total.	44,069	16,760	7,604	8,064	2,563	1,510	206	7,362	303,206	»
Moyenne	7,345	2,794	1,267	1,344	427	252	34	1,227	50,534	145.10

TABLEAU IV

1.000 DÉCÈS PARISIENS DE 0 A 1 AN SE SONT PRODUITS DE 1892 A 1897
PAR LES CAUSES SUIVANTES :

ANNÉES	DIARRHÉE	MALADIES des voies respiratoires.	DÉBILITÉ congénitale.	MALADIES contagieuses.	MALADIES tuberculeuses.	CAUSES inconnues.	AUTRES causes.
1892	409.72	164.56	156.04	59.68	29.31	4.20	176.47
1893	372.44	182.92	181.66	59.66	32.05	5.95	165.32
1894	364.60	159.66	191.26	70.77	34.96	3.65	175.10
1895	387.61	181.34	182.91	50.23	34.44	4.17	159.29
1896	374.42	158.21	201.83	53.26	40.62	5.37	166.27
1897	365.54	188.15	192.77	54.61	36.31	4.77	157.84
Moyenne.	380.30	172.54	182.98	58.17	34.27	4.67	167.05

TABLEAU IV *bis*

DÉCÈS DE TOUT AGE DANS L'AGGLOMÉRATION PARISIENNE

Paris, Boulogne, Clichy, Saint-Ouen, Levallois-Perret.

ANNÉES	PARIS	BOULOGNE	CLICHY	SAINT-OUEN	LEVALLOIS	TOTAL
1892	54.436	963	871	861	1.195	58.326
1893	52.955	976	867	727	1.188	56.713
1894	49.205	882	771	690	1.038	52.586
1895	51.693	944	835	679	1.154	55.305
1896	47.929	917	770	674	1.000	51.290
1897	46.988	907	771	724	994	50.384
Total.	303.206	5.589	4.685	4.352	6.569	324.601
Moyenne.	50.533,5	934,5	781,00	725	1.095	54.100

DÉCÈS DE 0 A 1 AN

ANNÉES	PARIS	BOULOGNE	CLICHY	SAINT-OUEN	LEVALLOIS	TOTAL
1892	8.562	174	206	199	183	9.324
1893	7.894	181	185	138	227	8.625
1894	7.121	154	172	126	161	7.734
1895	7.665	189	209	134	222	8.419
1896	6.327	156	174	100	152	6.909
1897	6.500	155	173	134	149	7.133
Total.	44.069	1.009	1.121	851	1.094	48.144
Moyenne.	7.345	168	187	142	182	8.024

SUR 1.000 DÉCÈS COMBIEN DE DÉCÈS DE 0 A 1 AN

ANNÉES	PARIS	BOULOGNE	CLICHY	SAINT-OUEN	LEVALLOIS	MOYENNE annuelle.
1892	157,30	180,68	236,00	231,12	153,14	191,65
1893	149,07	185,45	213,38	189,82	191,08	185,76
1894	144,72	174,60	224,79	182,61	155,11	175,77
1895	144,82	200,21	250,30	197,35	192,37	197,01
1896	132,00	160,12	225,98	148,37	152,00	163,69
1897	138,33	170,89	226,97	213,59	149,89	179,93
Moyenne.	145,31	180,53	229,48	195,54	166,54	183,48

SUR 1.000 DÉCÈS DE 0 A 1 AN, COMBIEN PAR LES CAUSES SUIVANTES :
Paris, Boulogne, Clichy, Levallois (2.628.708 habitants).

MALADIES contagieuses.	TUBERCULOSE	MALADIES des voies respiratoires.	DIARRHÉE	DÉBILITÉ congénitale.	CAUSES inconnues.	AUTRES causes.
58.31	33.36	173.15	386.71	178.92	4.44	164.44

PARIS SEUL

MALADIES contagieuses.	TUBERCULOSE	MALADIES des voies respiratoires.	DIARRHÉE	DÉBILITÉ congénitale.	CAUSES inconnues.	AUTRES causes.
58.17	34.27	172.54	380.30	182.98	4.67	167.05

DÉCÈS DE 0 A 1 AN, DE 1892 A 1897 (47.293 DÉCÈS DE TOUT AGE)

VILLES	MALADIES contagieuses.	MALADIES des voies respiratoires.	DIARRHÉE	DÉBILITÉ congénitale.	CAUSES inconnues.	AUTRES causes.	TUBERCULOSE
Paris . .	2.563	7.604	16.760	8.064	206	7.362	1.510
Boulogne.	68	196	573	92	1	70	19
Clichy . .	57	204	540	133	1	177	9
Levallois.	70	185	456	173	2	168	40
Total.	2.758	8.189	18.289	8.462	210	7.777	1 578

2° Mortalité de 0 à 1 an dans onze villes de France dont la population
est comprise entre 100.000 et 500.000 habitants.

Ce groupe comprend une population de 2.365.238 habitants. De 1892 à 1897 il a fourni 322.129 décès de tout âge.

Ce chiffre comprend 59.502 décès de 0 à 1 an, ce qui donne, pour 1.000 décès généraux 184.73 décès de 0 à 1 an.

Sur ces 59.502 décès de 0 à 1 an.

25.019	ont été produits par		diarrhée et gastro-entérite.
8.389	—	—	maladies des voies respiratoires.
8.752	—	—	débilité congénitale.
2.768	—	—	maladies contagieuses.
1.209	—	—	maladies tuberculeuses.
1.784	—	—	cause inconnue.
11.581	—	—	autres causes.

De sorte que, pour 1.000 décès de 0 à 1 an, il s'est produit :

420,49 décès par diarrhée et gastro-entérite.
140,99 — maladies des voies respiratoires.
147,07 — débilité congénitale.
46,52 — maladies contagieuses.
20,32 — maladies tuberculeuses.
29,98 — cause inconnue.
194,64 — autres causes.

L'étude de la mortalité par année nous donne les résultats suivants :

TABLEAU V

DÉCÈS DE 0 A 1 AN DANS LES 11 VILLES DE FRANCE
DONT LA POPULATION EST COMPRISE ENTRE 100.000 ET 500.000 HABITANTS

ANNÉES	TOTAL des décès de 0 à 1 an.	DÉCÈS par diarrhée.	DÉCÈS par maladies des voies respiratoires.	DÉCÈS par débilité congénitale.	DÉCÈS par maladies contagieuses.	DÉCÈS par maladies tuberculeuses.	DÉCÈS par causes inconnues.	DÉCÈS par autres causes.
1892	10.350	4.431	1.430	1.553	523	171	377	1.865
1893	10.226	4.123	1.476	1.576	562	203	297	1.989
1894	9.557	3.583	1.463	1.340	472	193	318	2.188
1895	10.197	4.597	1.329	1.357	406	231	269	2.008
1896	9.422	3.844	1.370	1.484	494	191	241	1.798
1897	9.750	4.441	1.321	1.442	311	220	282	1.723
Totaux. .	59.502	25.019	8.389	8.752	2.768	1.209	1.784	11.581
Moyenne.	9.917	4.170	1.398	1.458	461	201	297	1.930

TABLEAU VI

1.000 DÉCÈS DE 0 A 1 AN DANS LES VILLES PRÉCÉDENTES
SE SONT PRODUITS PAR LES CAUSES SUIVANTES :

ANNÉES	DIARRHÉE	MALADIES des voies respiratoires.	DÉBILITÉ congénitale.	MALADIES contagieuses.	MALADIES tuberculeuses.	CAUSES inconnues.	AUTRES causes.
1892	428,11	138,16	150,05	50,53	16,52	36,42	180,19
1893	403,18	144,33	154,11	54,96	19,85	29,04	194,50
1894	374,91	153,08	140,21	49,39	20,19	33,27	228,94
1895	450,82	130,33	133,08	39,82	22,65	26,38	196,92
1896	407,98	145,40	157,50	52,43	20,27	25,58	190,83
1897	455,48	135,49	147,90	31,90	22,56	28,92	177,74
Moyenne.	420,49	140,99	147,07	46,52	20,32	29,98	194,64

2

TABLEAU VII

DÉTAIL DE LA MORTALITÉ DE LA PREMIÈRE ENFANCE DANS LES 11 PREMIÈRES VILLES DE FRANCE

Le premier chiffre indique la totalité des décès de 1892 à 1897.
Le chiffre gras indique la moyenne annuelle.

VILLES	POPULATION	TOTAL des décès	TOTAL des décès de 0 à 1 an	MALADIES contagieuses	TUBERCULOSE	MALADIES des voies respiratoires	DIARRHÉE	DÉBILITÉ congénitale	CAUSES inconnues	AUTRES causes.
Lyon . .	466.767	54.589	6.587	280	181	1.162	1.708	2.109	»	1.147
		9.098	**1.098**	**47**	**30**	**194**	**285**	**351**	**»**	**191**
Toulouse .	149.012	21.095	2.728	98	58	323	717	681	84	767
		3.516	**455**	**16**	**9**	**54**	**119**	**113**	**14**	**128**
Marseille .	447.344	69.854	13.222	611	185	1.864	3.671	1.356	765	3.770
		11.642	**2.037**	**102**	**31**	**311**	**612**	**226**	**128**	**628**
St Etienne.	133.784	17.751	2.555	124	26	497	987	355	268	298
		2.959	**426**	**48**	**9**	**194**	**386**	**139**	**95**	**116**
Bordeaux .	256.906	32.789	4.193	198	53	697	1.862	589	65	729
		5.465	**699**	**47**	**13**	**166**	**444**	**140**	**15**	**174**
Roubaix .	124.447	15.348	4.697	280	87	828	2.227	601	77	591
		2.558	**783**	**48**	**15**	**138**	**371**	**100**	**13**	**98**
Rouen . .	112.393	21.124	5.303	166	116	452	2.762	661	353	793
		3.520	**884**	**28**	**19**	**75**	**460**	**110**	**59**	**132**
Lille . . .	215.550	30.587	9.015	464	210	1.066	4.642	1.179	13	1.441
		5.098	**1.503**	**77**	**35**	**178**	**774**	**196**	**2**	**240**
Nantes . .	123.850	18.281	2.756	87	124	299	1.532	271	3	440
		3.047	**459**	**16**	**20**	**49**	**266**	**45**	**»**	**73**
Le Havre .	118.478	20.706	4.626	129	116	593	2.582	416	55	735
		3.451	**771**	**21**	**19**	**99**	**430**	**66**	**9**	**122**
Reims . .	107.709	15.928	4.151	218	39	455	2.342	421	24	652
		2.654	**692**	**36**	**6**	**91**	**390**	**70**	**4**	**109**
	2.258.240	318.052	58.833	2.071	1.195	8.236	25.032	9.039	2.107	11.363
		53.008	**9.805**	**345**	**199**	**1.375**	**4.172**	**1.506**	**351**	**1.894**

TABLEAU VIII

SUR 1.000 DÉCÈS COMBIEN DE 0 A 1 AN

Lyon 120,68	Rouen. 251,13
Toulouse 129,40	Lille 294,82
Marseille. 174,96	Nantes. 150,64
Saint-Etienne 143,96	Le Havre. 223,41
Bordeaux 127,90	Reims. 260,73
Roubaix. 306,09	

TABLEAU IX

DANS LES 11 PREMIÈRES VILLES DE FRANCE (PARIS EXCLU) DE 1892 à 1897,
1,000 DÉCÈS DE 0 à 1 AN ONT ÉTÉ PRODUITS PAR :

VILLES	MALADIES infectieuses.	TUBERCULOSE	MALADIES des voies respiratoires.	DIARRHÉE	DÉBILITÉ congénitale.	CAUSES inconnues.	AUTRES causes.
Lyon	42.47	27.48	176.41	259.30	320.17	»	174.13
Toulouse . . .	35.92	21.26	118.40	262.83	249.63	30.79	281.16
Marseille . . .	49.99	15.13	152.51	300.36	110.94	62.59	308.46
Saint-Étienne .	48.53	9.17	194.52	386.30	138.94	94.89	116.63
Bordeaux . . .	47.22	12.64	162.13	444.17	140.47	15.50	173.86
Roubaix . . .	60.90	18.52	176.28	474.13	127.97	16.39	125.82
Rouen	31.30	21.57	85.22	510.83	124.64	66.56	149.54
Lille	51.47	23.29	118.25	514.81	130.78	1.44	159.84
Nantes	31.57	44.99	108.49	555.88	98.33	1.09	159.65
Le Havre . . .	27.88	25.07	128.19	558.15	12.10	11.89	158.88
Reims	52.52	9.39	109.61	564.20	101.42	5.78	157.07
Moyenne . . .	43.61	20.80	139.09	439.18	142.30	21.54	169.55

3° Mortalité de 0 à 1 an dans les 47 villes de France dont la population
est comprise entre 30.000 et 100.000 habitants.

Ce groupe comprend 2.421.820 habitants. De 1892 à 1897, il a
fourni 334.032 décès de tout âge, comprenant 55.869 décès de 0 à 1 an
ce qui donne pour 1.000 décès généraux 167.25 décès de 0 à 1 an.

Sur ces 55.869 décès de 0 à 1 an.

    19.558 ont été produits par diarrhée et gastro-entérite.
    7.492   —   —   maladies des voies respiratoires.
    10.410   —   —   débilité congénitale.
    2.580   —   —   maladies contagieuses.
    1.219   —   —   maladies tuberculeuses.
    3.724   —   —   causes inconnues.
    10.886   —   —   autres causes.

De sorte que pour 1.000 décès de 0 à 1 an il s'est produit

    350.06 décès par diarrhée et gastro-entérite.
    134.10   —   maladies des voies respiratoires.
    186.32   —   débilité congénitale.
    46.18   —   maladies contagieuses.
    21.82   —   maladies tuberculeuses.
    66.65   —   causes inconnues.
    194.84   —   autres causes.

L'étude de la mortalité par année, nous donne les résultats suivants :

TABLEAU X

DÉCÈS DE 0 A 1 AN DANS 47 VILLES DE FRANCE DONT LA POPULATION EST COMPRISE ENTRE 30.000 ET 100.000 HABITANTS

ANNÉES	TOTAL des décès de 0 à 1 an.	DÉCÈS PAR						
		diarrhée.	maladies des voies respiratoires.	débilité congénitale.	maladies contagieuses.	maladies tuberculeuses.	causes inconnues.	autres causes.
1892	9.819	3.597	1.276	1.914	438	147	624	1.823
1893	10.158	3.474	1.336	1.924	641	237	631	1.915
1894	8.740	2.842	1.188	1.653	450	201	624	1.782
1895	9.789	3.511	1.301	1.840	324	225	725	1.864
1896	8.390	2.829	1.184	1.594	397	174	567	1.645
1897	8.973	3.305	1.207	1.485	330	235	553	1.858
	55.869	19.558	7.492	10.410	2.580	1.219	3.724	10.886
Moyenne.	9.311	3.259	1.249	1.735	430	203	621	1.814

TABLEAU XI

1.000 DÉCÈS DE 0 A 1 AN DANS LES VILLES PRÉCÉDENTES SE SONT PRODUITS PAR LES CAUSES SUIVANTES

ANNÉES	DIARRHÉE	MALADIES des voies respiratoires.	DÉBILITÉ congénitale.	MALADIES contagieuses.	MALADIES tuberculeuses.	CAUSES inconnues.	AUTRES causes.
1892	366,33	129,95	194,93	44,61	14,97	63,65	185,66
1893	341,99	131,52	189,40	63,10	23,33	62,12	188,52
1894	325,16	135,92	189,13	51,49	23,00	71,39	203,89
1895	358,67	132,90	187,96	33,10	22,98	74,06	190,31
1896	337,18	141,12	189,99	47,32	20,74	67,58	196,06
1897	368,33	134,51	165,49	36,78	26,19	61,63	207,06
	350,06	134,10	186,32	46,18	21,82	66,65	194,84

TABLEAU XII

DÉTAILS SUR LA MORTALITÉ DE LA PREMIÈRE ENFANCE DANS 47 VILLES DE FRANCE DONT LA POPULATION EST COMPRISE ENTRE 30.000 ET 100.000 HABITANTS, DE 1892 A 1897.

Les chiffres donnés sont la moyenne de six années étudiées.

VILLES	POPULATION	DÉCÈS de tout âge	De 0 à 1 an	DÉCÈS PAR						
				MALADIES contagieuses	TUBERCULOSE	MALADIES des voies respiratoires	DIARRHÉE	DÉBILITÉ congéniale	CAUSES inconnues	AUTRES causes
Amiens	88.384	1.899	377	6	6	53	207	37	»	68
Angoulême.	37.902	711	85	6	1	9	8	2	8	25
Avignon	44.588	1.086	132	3	2	20	70	14	»	22
Besançon.	58.010	1.264	187	6	3	27	59	56	1	32
Béziers.	47.821	1.173	182	7	1	58	17	64	»	36
Boulogne-sur-Mer . .	46.432	1.063	269	19	9	30	93	22	10	26
Boulogne-sur-Seine .	37.088	931	168	11	3	33	95	15	»	12
Bourges	43.668	764	86	2	5	4	23	21	14	15
Brest	72.424	2.164	387	15	8	47	99	109	34	78
Caen.	45.385	1.181	138	4	2	8	37	2	70	14
Calais	56.284	1.184	315	10	8	54	88	88	1	67
Cette	32.453	809	128	5	»	11	3	70	»	25
Cherbourg	40.905	1.021	149	9	1	13	58	30	»	38
Clermont-Ferrand. .	50.152	1.016	117	3	1	11	10	34	»	96
Clichy	33.449	747	187	9	1	34	90	22	»	29
Creusot	31.757	525	94	4	2	27	31	13	1	16
Dijon	67.150	1.372	207	3	3	23	121	25	4	28
Douai	31.911	587	100	9	21	13	26	15	»	15
Dunkerque. . . .	40.296	968	331	36	6	56	116	26	»	60
Grenoble.	63.805	1.308	207	8	2	30	87	32	15	28
Laval	29.604	824	77	2	2	11	22	40	»	50
Levallois-Perret. .	46.542	1.095	182	12	7	31	76	29	»	28
Limoges	77.716	1.782	257	22	»	51	53	61	»	68
Lorient	41.321	1.023	161	12	2	12	13	57	»	66
Le Mans	59.844	1.575	214	5	3	16	113	39	7	31
Montauban	29.597	726	95	»	2	9	41	5	28	8
Montluçon	31.666	521	81	6	»	13	7	24	»	23
Montpellier. . . .	73.659	1.891	214	11	4	29	60	62	1	46
Nancy	96.148	2.110	388	19	22	56	189	39	13	51
Neuilly-sur-Seine .	35.012	584	51	1	»	11	16	10	»	12
Nîmes	74.310	1.707	245	12	4	37	72	36	1	72
Orléans	66.225	1.414	206	6	6	27	80	46	»	45
Pau	33.031	682	63	1	1	11	23	16	1	9
Périgueux	31.086	672	94	8	1	25	33	19	2	16
Perpignan	34.721	787	117	4	2	15	47	22	9	16
Rennes	69.015	1.824	235	7	3	33	135	23	4	31
Roanne	33.697	718	113	6	1	6	6	7	1	86

VILLES	POPULA- TION	DÉCÈS de tout âge	De 0 à 1 an	MALADIES contagieuses	TUBERCULOSE	MALADIES des voies respiratoires	DIARRHÉE	DÉBILITÉ congénitale	CAUSES inconnues	AUTRES causes
Rochefort	34.014	689	119	5	4	21	40	23	»	39
Saint-Denis	54.115	1.234	272	15	14	34	102	69	1	37
Saint-Nazaire	30.421	594	109	5	6	18	39	26	»	14
Saint-Ouen	30.504	725	142	17	14	52	14	3	»	27
Saint-Quentin	48.689	1.012	217	4	4	35	88	38	»	48
Toulon	95.201	2.123	355	11	3	39	121	69	1	111
Tourcoing	73.393	1.517	474	31	7	64	134	134	»	105
Tours	63.538	1.438	209	10	6	19	77	60	»	36
Troyes	52.634	1.364	328	4	4	26	223	32	»	37
Versailles	53.775	1.208	182	7	7	27	81	13	»	46
Totaux	2.366.393	53.660	8.960	418	210	1.275	3.273	1.718	223	1.800

TABLEAU XIII

SUR 1,000 DÉCÈS, COMBIEN DE 0 A 1 AN, DE 1892 A 1897

1,000 DÉCÈS DE 0 A 1 AN SONT PRODUITS PAR LES CAUSES SUIVANTES :

Nᵒˢ D'ORDRE	VILLES	DÉCÈS de 0 à 1 an pour 1,000 décès généraux	MALADIES contagieuses	TUBERCULOSE	MALADIES des voies respiratoires	DIARRHÉE	DÉBILITÉ congénitale	CAUSES inconnues	AUTRES causes
1	Dunkerque	312.40	108.09	19.10	170.43	441.43	78.43	1.00	181.50
2	Tourcoing	312.31	66.13	15.12	129.79	282.45	283.50	»	224.95
3	Calais	266.11	31.73	24.32	170.28	279.22	278.69	2.11	213.64
4	Troyes	240.22	127.16	127.16	79.86	682.60	98.62	0.51	112.92
5	Clichy	229.48	50.85	8.03	181.98	481.71	118.64	0.89	157.89
6	Saint-Denis	223.48	56.91	50.79	126.07	375.15	253.98	1.22	135.86
7	Saint-Quentin	214.35	21.50	16.90	161.29	404.76	175.11	»	220.43
8	Amiens	108.42	17.26	16.37	138.74	548.67	98.67	0.44	20.35
9	Boulogne-sur-Mer	196.95	89.97	43.79	112.51	444.27	104.25	49.36	125.79
10	Saint-Ouen	195.54	133.86	110.24	409.45	110.24	23.62	»	212.60
11	Rochefort	188.29	42.42	11.57	163.24	308.48	176.09	»	298.20
12	Saint-Nazaire	185.01	48.55	59.17	165.40	358.11	239.76	»	128.98
13	Nancy	184.08	48.91	55.77	144.14	485.63	101.67	33.46	130.42

N° D'ORDRE	VILLES	DÉCÈS de 0 à 1 an pour 1,000 décès généraux	DÉCÈS PAR						
			MALADIES contagieuses	TUBERCULOSE	MALADIES des voies respiratoires	DIARRHÉE	DÉBILITÉ congénitale	CAUSES inconnues	AUTRES causes
14	Boulogne-sur-Seine.	180.53	67.39	18.83	154.25	567.89	91.18	» 99	69.37
15	Brest	179.04	38.29	19.79	122.20	255.59	280.55	89.07	194.49
16	Le Creusot.	178.93	47.12	26.48	382.72	329.84	136.42	10.47	167.54
17	Douai	170.26	91.67	206.66	131.67	258.33	155.00	1.67	155.00
18	Toulon	167.44	31.88	9.37	110.64	344.30	193.15	1.87	311.77
19	Levallois.	166.54	63.98	36.56	169.10	416.82	158.13	1.83	153.56
20	Cette	159.48	»	»	»	»	»	»	»
21	Lorient	157.79	74.30	10.32	76.37	80.49	351.91	»	406.60
22	Roanne	156.81	50.29	8.87	57.69	53.25	59.17	8.87	761.83
23	Béziers.	155.40	31.08	8.23	317.18	94.15	351.00	»	198.35
24	Montluçon	155.37	79.47	6.62	178.81	99.34	317.88	6.62	311.26
25	Grenoble.	154.14	38.84	9.09	148.76	431.40	157.85	76.86	137.49
26	Versailles	150.76	39.34	37.51	147.30	444.65	72.28	3.66	255.26
27	Dijon	150.71	44.49	13.69	112.21	584.01	119.25	19.34	135.36
28	Perpignan	148.60	35.61	19.94	132.48	400.28	190.88	81.20	139.60
29	Cherbourg	145.82	62.71	7.84	86.22	389.70	198.21	2.24	253.08
30	Tours	145.12	48.72	27.95	91.85	368.21	289.93	»	173.22
31	Limoges	144.22	»	»	»	»	»	»	»
32	Besançon	144.12	32.02	12.81	147.30	322.05	305.58	4.59	174.75
33	Orléans	143.95	31.50	30.69	130.85	389.34	195.47	3.23	219.71
34	Caen.	142.13	»	»	»	»	»	510.28	»
35	Périgueux	139.88	88.65	10.64	156.03	354.61	198.58	19.50	171.98
36	Nîmes	137.71	52.44	18.43	157.33	308.29	152.37	5.67	305.45
37	Le Mans	139.16	24.09	16.32	76.92	525.25	181.04	32.63	143.74
38	Rennes	129.07	30.49	12.76	141.84	574.47	100.71	6.38	133.33
39	Montauban	127.02	»	»	»	»	»	»	»
40	Poitiers	125.08	»	»	»	»	»	670.75	»
41	Avignon	121.55	23.99	16.44	151.51	530.30	108.53	»	169.60
42	Angoulême. . . .	118.97	76.77	11.81	108.27	90.55	318.90	96.46	297.24
43	Montpellier. . . .	113.46	52.96	21.03	135.51	281.15	288.94	7.01	213.40
44	Bourges	111.96	29.24	60.43	44.83	270.95	248.56	157.64	179.34
45	Clermont-Ferrand .	111.69	155.49	11.41	98.43	85.59	295.29	»	482.17
46	Laval	93.79	21.02	21.02	138.14	267.27	486.49	»	66.07
47	Pau	92.45	45.91	21.22	180.37	366.05	251.99	13.26	151.19

4° Mortalité de 0 à 1 an dans 620 villes de France dont la population est inférieure à 30.000 habitants.

Ce groupe comprend une population de 5.892.034 habitants, qui, en six ans, ont fourni 790.576 décès de tout âge parmi lesquels 132.923 décès de 0 à 1 an.

2...

INTENSITÉ RELATIVE DES CAUSES DE MORT DE 0
La hauteur totale de la colonne représente

PARIS

11 PREMIÈRES VILLES DE FRANCE

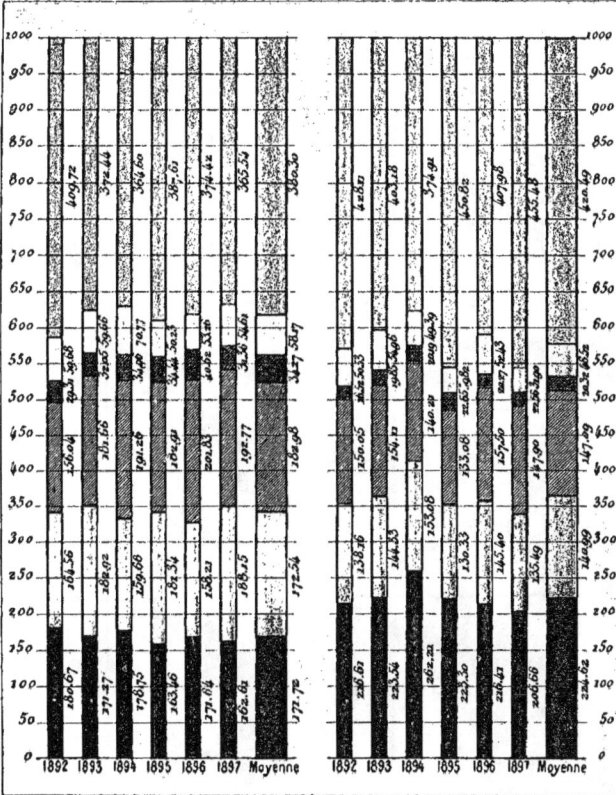

La partie noire représente les décès par les autres causes, et les causes inconnues.
La partie bleue représente les décès par maladie des voies respiratoires.
La partie grise représente les décès par débilité congénitale,

Fig. 3.

A 1 AN DANS 59 VILLES DE FRANCE DE 1892 A 1897
(1,000 décès d'enfants de 0 à 1 an.)

47 VILLES SUIVANTES   MOYENNE

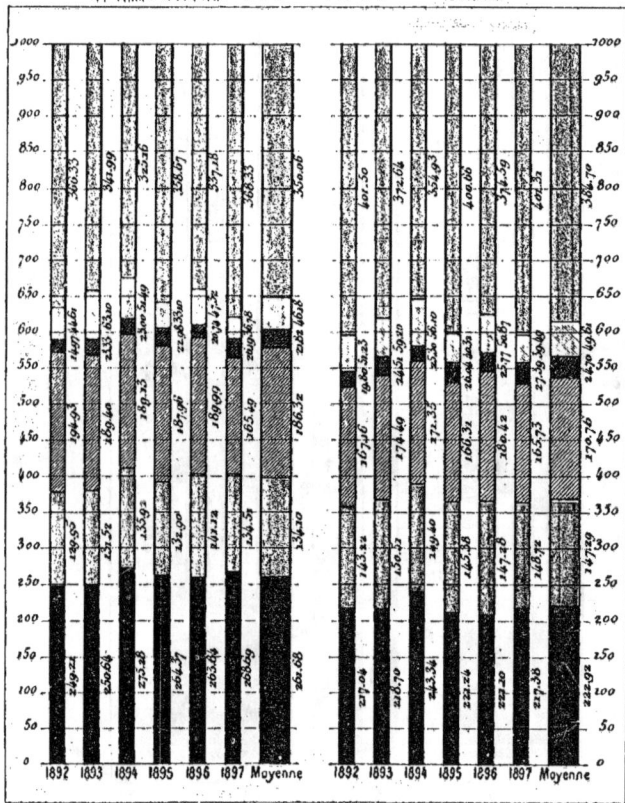

La partie violette représente les décès par tuberculose
La partie en bleu grisé représente les décès par maladies infectieuses
La partie rouge représente les décès par diarrhée, gastro-entérite.

Ed. Oberlin, Sc.

Fig. 3 bis.

Ces chiffres donnent, pour 1.000 décès de tout âge 168.13 décès de 0 à 1 an.

Les statistiques ministérielles ne donnent qu'un seul renseignement sur les causes de ces décès; elles annoncent 25.106 décès par débilité congénitale, ce qui donne la proportion de 188.88 décès par cette cause pour 1.000 décès de 0 à 1 an.

Nous ferons remarquer toutefois que dans ce groupe de petites villes ou de communes agricoles, la mortalité par les diverses causes que nous étudions doit être plus faible que dans le groupe des 59 premières villes de France. En effet, celles-ci comprennent le cinquième de la population; si on multiplie par 5 le chiffre de leurs décès, on obtient un produit plus fort que le chiffre réel des décès dans toute la population urbaine de la France. Il faut donc nécessairement que ce dernier groupe donne une mortalité plus faible que les groupes précédents.

TABLEAU XIV

RÉSUMÉ DES TABLEAUX PRÉCÉDENTS

	POPULATION	TOTAL des décès de 1892 à 1897	TOTAL des décès de 0 à 1 an de 1892 à 1897
Paris	2.511.629	303.206	44.069
11 premières villes de France.	2.365.238	322.129	59.502
47 villes suivantes	2.421.820	334.032	55.869
622 villes de moins de 30.000 habitants .	5.892.034	790.576	132.923
	13.190.721	1.749.943	292.363
Moyenne des six années.	»	291.657	48.727

L'ensemble de la population urbaine de la France a fourni pendant ce temps une mortalité de 22.42 pour 1.000 habitants.

Pendant cette période, pour l'ensemble de la population urbaine de la France, 1.000 décès généraux comprennent 167.10 décès de 0 à 1 an.

L'intensité relative des causes qui les ont produites ressort des deux tableaux suivants :

TABLEAU XV

DÉTAILS DE LA MORTALITÉ DE LA PREMIÈRE ENFANCE

	DÉCÈS de 0 à 1 an.	DIARRHÉE	MALADIES des voies respiratoires.	MALADIES contagieuses.	TUBERCULOSE	DÉBILITÉ congénitale.	CAUSES inconnues.	AUTRES causes.
Paris.	44,069	16,760	7,604	2,563	1,510	8,064	206	7,362
11 premières villes . .	59,502	25,019	8,389	2,768	1,209	8,752	1,784	11,581
47 villes	55,869	19,558	7,492	2,580	1,219	10,410	3,724	10,886
622 villes	132,923					25,106		
Total.	292,363	61,337	23,485	7,911	3,938	52,332	5,714	29,829
Moyenne annuelle.	48,727			96,721				

TABLEAU XVI

SUR 1,000 DÉCÈS D'ENFANTS, 606.30 SONT DUS A DES MALADIES ÉVITABLES

Il ne faut compter que les décès des 3 premiers groupes, soit 159,431 décès, qui seuls ont fourni les 96.671 décès évitables.

1,000 DÉCÈS DE 0 A 1 AN SONT PRODUITS PAR :

	DIARRHÉE	MALADIES des voies respiratoires.	MALADIES contagieuses.	TUBERCULOSE.	DÉBILITÉ congénitale.	CAUSES inconnues.	AUTRES causes.
Paris.	380,30	172,54	58,17	34,27	182,98	4,67	167,05
11 premières villes . . .	420,49	140,99	46,52	20,32	147,09	29,98	194,64
47 villes	350,06	134,10	46,18	21,82	186,32	66,65	194,84
622 villes					188,88		
(408,13 de 0 à 1 an pour 1,000 décès de tout âge.)							
Moyenne.	384,70	147,29	49,61	24,70	179,00	35,84	187,08
			606,30				

Si nous additionnons à part les décès par diarrhée, par maladies des voies respiratoires, par maladies infectieuses et par tuberculose, nous

obtenons un total de 96.721 décès fournis par une population de
7.300.000 habitants, le cinquième seulement de la population française. Ces décès sont théoriquement évitables et en fait, fortement
réductibles. On voit que sur 1.000 décès de 0 à 1 an, 606.30 appartiennent à cette catégorie. Cette proportion de décès évitables peut être
encore augmentée ainsi que nous le verrons plus loin.

CHAPITRE III

Nous venons de grouper dans un chapitre spécial tous les chiffres et tous les calculs qui sont d'une lecture ardue et dont l'examen intégral n'est pas indispensable à tous les lecteurs. Il s'agit maintenant de dégager de ces chiffres les enseignements qu'ils comportent.

Sur 1.000 décès de tout âge il s'en produit de 0 à 1 an :

A Paris, 145.31 ;

Dans les onze premières villes de France 184.73 ;

Dans 47 villes de 30 à 100.000 habitants 167.25 ;

Dans 622 villes de moins de 30.000 habitants 168.13.

On serait tenté d'abord de se féliciter de la faiblesse du chiffre de la mortalité infantile parisienne. Mais nous sommes forcés de formuler une réserve, car si l'on groupe avec les chiffres de Paris les chiffres de Clichy (229.48 décès de 0 à 1 an pour 1.000 décès de tout âge), de Saint-Ouen (195.54 décès infantiles), de Boulogne (18.053), de Levallois (166,54) qui constituent avec Paris un groupe assez homogène, on arrive, pour l'agglomération parisienne au chiffre de 183.48 décès de 0 à 1 an pour 1.000 décès de tout âge.

Ce sont les chiffres de Clichy et de Saint-Ouen qui font monter la moyenne.

Nous avons calculé l'importance des principales causes de mort pour Paris augmenté de trois communes attenantes ; les chiffres obtenus ne présentent pas un très fort écart avec ceux de Paris seul. Nous aurions voulu faire ce calcul pour toutes les localités qui font la ceinture de Paris, mais les documents officiels ne sont pas entré nos mains. Dans son ensemble, en six ans, le département de la Seine a fourni 405.816 décès dont 61.339 de 0 à 1 an, ce qui donne 151.15 décès d'enfants pour 1.000 décès de tout âge. L'étude détaillée de cette mortalité ne peut être faite que sur place.

La mortalité de Paris mériterait également d'être étudiée par arrondissement. Nous n'avons pas eu le moyen d'entreprendre ce travail.

Si l'on considère la mortalité infantile dans l'ensemble de la population urbaine de la France, on voit que les villes les plus chargées sont de grandes villes maritimes ou industrielles : Rouen, le Havre Reims, Calais, Troyes, Clichy, Saint-Denis, Saint-Quentin ont plus de 200 décès d'enfants sur 1.000 décès ; Lille en a près de 300 ; Roubaix Tourcoing, Dunkerque dépassent 300. Nous avons vu au tableau 2, 36 villes dépasser le chiffre de 200 décès d'enfants pour 1.000 décès de tout âge et parmi elles, Pantin, Montceau-les-Mines, Aÿ, Albert, Aubin, Vierzon, Hirson, la Seyne, etc.

Nous avons vu six villes dépasser 300 décès d'enfants, et parmi elles, Liévin, Carmaux, la Ricamarie, la Grand'Combe ; nous avons vu Saint-Pol-sur-Mer (Nord) atteindre la proportion énorme de 509 décès de 0 à 1 an sur 1.000 décès de tout âge. Nous sommes donc en droit d'affirmer l'effrayante mortalité infantile dans les villes ouvrières. Lyon fait une honorable exception à cette règle, avec son chiffre de 120 décès d'enfants pour 1.000 décès de tout âge, Lyon passe après Paris, après les 10 autres premières villes de France, après 41 villes dont la population est comprise entre 30.000 et 100.000 habitants, après 104 villes énumérées au tableau 2.

Causes de la mortalité infantile. — *Causes inconnues*. — Il faut remarquer l'écart considérable qui, pour les décès par causes inconnues, sépare les chiffres de certaines villes ; tandis que Lyon n'enregistre pas un seul décès de 0 à 1 an par cause inconnue, tandis que Lille et Nantes en enregistrent à peine un peu plus de 1 pour 1.000, Saint-Étienne en a près de 95, Rouen 67 et Marseille 63. Brest, Mautauban ont des chiffres assez notables ; mais que dire de Caen qui sur 138 décès d'enfants en a 70 par causes inconnues ! 510 pour 1.000 ! que dire de Poitiers qui atteint la proportion invraisemblable de 670 décès par causes inconnues pour 1.000 décès d'enfants ! Pour ces deux dernières villes, nous n'avons pas pris la peine de faire des calculs.

Quand la cause des décès est inconnue, ou bien les médecins n'ont pas déclaré la cause du décès, ce qui est exceptionnel, ou bien ils n'ont été appelés qu'*in extremis* et ils n'ont pas eu le moyen de se former une opinion, ou bien ils n'ont pas été appelés du tout. Quoi qu'il en soit, 5.714 enfants sont morts en six ans dans les villes de France sans que l'on sache de quoi, souvent sans qu'un médecin les ait vus! Il y a lieu d'appeler vivement l'attention de nos administrateurs sur cette grave lacune dans les renseignements officiels : il y a lieu surtout d'appeler l'attention du service de la Protection de l'enfance sur l'incroyable situation de Caen et de Poitiers.

On nous accordera que sur les 5.714 décès de causes inconnues, il devait y en avoir d'évitables.

Nous aurons à tenir compte des nombres de décès par cause inconnue quand nous chercherons à déterminer l'action proportionnelle des autres causes de décès.

Mortalité par diarrhée. — Dans les 59 villes dont nous donnons le détail, la mortalité par diarrhée dépasse le quart de la mortalité infantile partout sauf à Saint-Ouen, Lorient, Roanne, Béziers, Montluçon, Angoulême et Clermont-Ferrand. Elle dépasse le tiers dans 21 villes : Paris, Saint-Étienne, Bordeaux, Roubaix, Dunkerque, Clichy, Saint-Denis, Saint-Quentin, Boulogne-sur-Mer, Saint-Nazaire, Nancy, Toulon, Levallois, Grenoble, Versailles, Perpignan, Cherbourg, Tours, Orléans, Périgueux, Pau.

La mortalité par diarrhée dépasse la moitié de la mortalité infantile dans 12 villes : Rouen a 510 décès par diarrhée sur 1.000 décès d'enfants; Lille en a 514; Nantes, 555; le Havre, 558; Reims, 564; Amiens, 548; Boulogne-sur-Seine, 567; Dijon, 584; le Mans, 525; Rennes, 574; Avignon, 530; enfin Troyes en a 682 (nous disons : six-cent-quatre-vingt-deux !).

Et que l'on ne croie pas qu'il s'agisse là d'un fait grossi par les artifices de la statistique : revenons au chiffre positif, à la somme des actes de décès : dans les six années que nous étudions et dans les 59 villes dons nous avons la mortalité détaillée, c'est-à-dire dans une population de 7.300.000 habitants, le *cinquième* de la population française, la diarrhée a tué 61.337 enfants, soit plus de 10.000 par an, nombre vrai, réel, relevé aux bureaux d'état civil et nous n'avons que les chiffres des villes ayant une population supérieure à 30.000 habitants. Que serait-ce si nous avions les détails de la mortalité pour l'ensemble de la population! Nous voulons nous interdire toute hypothèse mais chacun peut apprécier la plaie vive qui ronge la population fran-

çaise et dont on s'occupe si peu malgré les appels éloquents adressés
à l'opinion par les hommes les plus autorisés.

La mortalité infantile parisienne par diarrhée semble avoir éprouvé
une certaine diminution en 1893; elle a présenté de légères oscillations
en 1895. Elle a un peu diminué depuis, mais on ne peut dire encore
s'il s'agit d'un bénéfice réel; on a de ces légères variations ordinaires
dans les phénomènes démographiques.

Dans les 11 premières villes de France, la mortalité infantile par
diarrhée est peut-être en légère diminution à Nantes; elle est stationnaire à Lyon, Toulouse, Marseille, Saint-Étienne, Bordeaux, le Havre
et Reims ; elle suit une marche ascendante dans les villes qui sont
déjà le plus fortement atteintes, Roubaix, Rouen et Lille.

Elle est stationnaire ou à un mouvement peu marqué à Boulogne-
sur-Seine, Amiens, Béziers, Brest, Dijon, Dunkerque, Grenoble,
Limoges, le Mans, Nîmes, Montauban, Orléans, Pau, Perpignan,
Rennes, Roanne, Rochefort, Saint-Denis, Saint-Nazaire, Saint-Quentin
Versailles, et Troyes où en 1892 elle a atteint la proportion de 757
sur 1.000 décès :

Elle diminue à Levallois, Besançon, Clermond-Ferrand, Nancy,
Périgueux, Toulon et Tours ; mais cette diminution n'est bien franche
qu'à Clermond-Ferrand ; dans les autres villes, elle est peu accusée et
cette atténuation pourrait n'être qu'accidentelle.

Enfin, elle est en marche ascendante à Clichy, Angoulême, Avignon, Boulogne-sur-Mer, Bourges, Calais, Cherbourg, Douai, Lorient,
Montpellier et Tourcoing. On voit que la situation, déjà bien grave dans
l'agglomération lilloise (Lille, Roubaix, Tourcoing), tend encore à s'ag-
graver.

Les villes le plus fortement atteintes ou en marche ascendante sont
disséminées sur toute la surface du territoire : il ne semble donc pas
qu'une influence géographique se fasse sentir.

Les villes atteintes sont au Nord, au Midi, au Centre, au bord de la
mer, au milieu du continent ; partout la mort fauche sa moisson,
partout on paye la funèbre dîme et presque sans murmurer ; partout
des berceaux vides et des petits cercueils.

Nous avons fait remarquer plus haut que, sans que nous puissions
donner des chiffres, la mortalité par toutes les causes que nous étudions
est certainement plus faible dans le groupe des petites villes et des
des communes agricoles, que dans les 59 premières villes de France ;

MORTALITÉ MENSUELLE PAR DIARRHÉE ET MALADIES DES VOIES RESPIRATOIRES DANS LES 59 PREMIÈRES VILLES DE FRANCE 1892-97

(ENFANTS DE 0 A 1 AN)

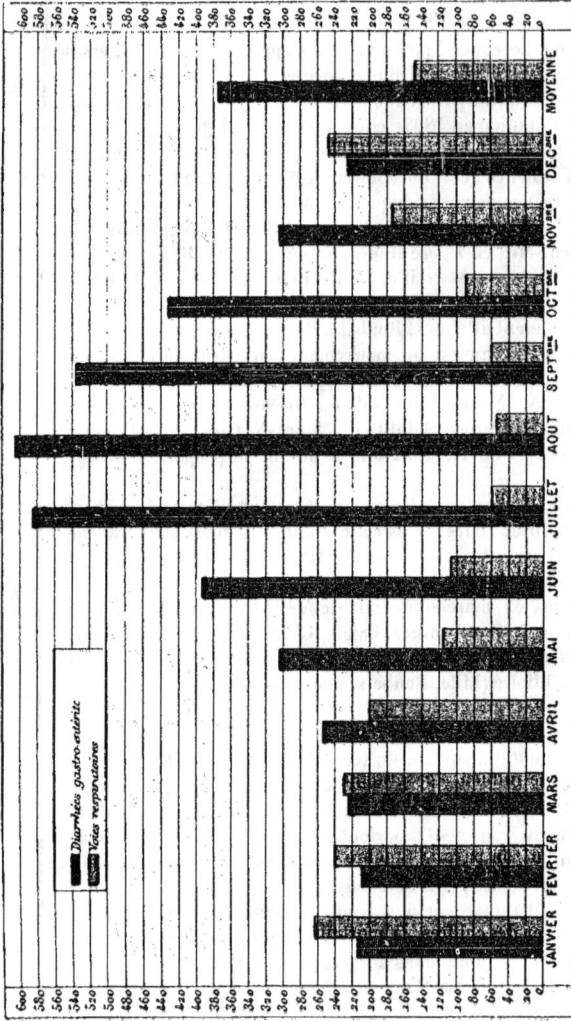

Fig. 4.

Diarrhées gastro-entérite
Voies respiratoires

JANVIER FEVRIER MARS AVRIL MAI JUIN JUILLET AOUT SEPT.bre OCT.bre NOV.bre DEC.bre MOYENNE

ce fait résulte avec certitude de ce que nous avons dit page 26. Il
est donc probable que la mortalité par diarrhée, en particulier, est plus
faible dans les petites localités que dans les grands centres. Nous ferons
remarquer que la vie simple des communes agricoles place l'enfant
dans un contact plus continu avec la mère, que l'allaitement maternel
est prolongé, l'allaitement artificiel moins pratiqué et toutes ces consi-
dérations font penser que nous avons bien raison d'incriminer la vie
des villes, les tentations, qu'elle offre et les manquements continus
aux règles de l'hygiène qu'elle entraîne.

L'influence saisonnière est plus manifeste. La mortalité minima
est en janvier-février; elle monte doucement de mars à mai, fait un
bond en juin et se maintient au maximum en juillet et août ; septembre
commence une légère diminution qui se poursuit régulièrement jusqu'à
décembre.

TABLEAU XVII

A PARIS ET DANS LES VILLES DE FRANCE AYANT PLUS DE 30.000 HABITANTS

Sur 1.000 décès de 0 à 1 an dans le mois il s'en produit par diarrhée :

En janvier	212.8	En juillet	587.1
— février	211.1	— août	604.7
— mars	224.8	— septembre	537.7
— avril	254.8	— octobre	431.5
— mai	303.1	— novembre	304.6
— juin	426.4	— décembre	235.9

On voit que si juin, juillet, août, septembre et octobre présentent
la plus déplorable proportion de décès par diarrhée, cette cause de
mort n'est pas négligeable dans les mois d'automne et d'hiver: jamais
la mortalité par diarrhée ne tombe au-dessous de 20 p. 100 ; pendant
sept mois de l'année elle va de 30 à 60 p. 100 des décès.

Nous verrons plus loin s'il faut se résigner et continuer à payer ce
funèbre tribut.

Mortalité par maladies infectieuses. — Nous n'avons pas les moyens
d'en faire une étude détaillée dans chaque ville : les chiffres absolus
sont souvent trop faibles pour autoriser des conclusions pour chacune
des villes; et puis nous n'avons pas de renseignements sur chacune des
maladies infectieuses ; il faudrait d'ailleurs une connaissance des conditions locales que nous n'avons pas.

Si nous nous bornons à considérer la mortalité infectieuse en bloc nous trouvons pour les 11 premières villes de France une moyenne de 46.52 décès par maladies infectieuses pour 1.000 décès de 0 à 1 an. Paris avec 58.17 décès, Marseille, Saint-Etienne, Bordeaux, Lille et Reims sont au-dessus de la moyenne ; Roubaix est encore à la tête de ce groupe avec près de 61 décès ; on voit que Paris n'est pas éloigné de cette proportion.

Mais les chiffres sont beaucoup plus forts dans les autres villes de France. Nous notons au-dessus de la moyenne Dunkerque, 108.09 décès infectieux de 0 à 1 an sur 1.000 décès du même âge, Tourcoing (66.13), Troyes (127.16), Boulogne-sur-Mer (89.97), Saint-Ouen (133.86), Boulogne-sur-Seine (67.39), Douai (91.67), Levallois (63.98), Lorient (74.30), Montluçon (79.47), Cherbourg (62.71), Périgueux (88.65), Angoulême (76.77) et Clermont-Ferrand (155.49). Cette dernière ville perd ainsi le bénéfice qui lui assurait la faible mortalité par diarrhée. On remarquera les chiffres élevés de Saint-Ouen et surtout de Troyes dont déjà la mortalité par diarrhée est énorme. La capitale de la Champagne nous réserve d'autres révélations non moins navrantes.

On remarquera par contre la faible mortalité infectieuse d'Amiens, de Dijon et de Pau, moins de 20 pour 1.000 décès.

Les maladies infectieuses ont en six ans tué 7.914 enfants dans la population urbaine de la France ce qui donne par an 1.318 décès par cette cause.

Mortalité par tuberculose. — Nous avons groupé sous cette rubrique toutes les formes cliniques de la maladie.

Paris donne en moyenne 34.27 décès tuberculeux de 0 à 1 an pour 1.000 décès du même âge. La proportion suit une marche légèrement ascendante.

Les 11 premières villes de France sont mieux partagées que Paris sous ce rapport, puisque, ensemble, elles ont une moyenne de 20.32 décès tuberculeux pour 1.000 décès de 0 à 1 an.

Sont au-dessus de cette moyenne : Nantes avec 44.99 décès pour 1.000, Lyon avec 27.48 décès, le Havre (25.07), Lille (23.29) et Toulouse (21.26). On remarquera la faible mortalité de Reims (9.39) et de Saint-Étienne (9.17). Le nombre de décès par causes inconnues rend pourtant un peu suspect le chiffre si favorable de cette dernière ville.

Mais que dire de Douai avec 206.66 décès tuberculeux sur 1.000 décès

3.

de 0 à 1 an, de Troyes, encore de Troyes, avec 127.16 décès tuberculeux, de Saint-Ouen avec 110.24 décès tuberculeux.

Si l'on prend pour terme de comparaison la mortalité infantile
tuberculeuse des 11 premières villes de France 20.80 pour 1.000 décès,
nous trouvons dans la liste des 47 villes de France qui les suivent
16 villes qui sont au-dessus de cette moyenne ; ce sont : Calais (24.32),
Troyes (127.16), Saint-Denis (50.79), Boulogne-sur-Mer (43.79), Saint-
Ouen (110.24), Saint-Nazaire (59.17), Nancy (55.77), le Creusot (26.18),
Douai (206.66), Levallois (36.569), Versailles (37.51), Tours (27.95),
Orléans (30.69), Montpellier (21.03), Bourges (60.43) et Pau (21.22).

En revanche, 7 villes ont moins de 10 pour 1.000. Ce sont : Clichy (8.03), Toulon (9.37), Roanne (8.87), Béziers (8.23), Montluçon
(6.62), Grenoble (9.09) et Cherbourg (7.84).

Sauf Montpellier, Pau, Toulon et Béziers, qui sont très voisines de
la moyenne ou au-dessous de la moyenne, toutes les villes que nous
venons de citer appartiennent soit à la région du Nord, soit à des cli-
mats sévères, et il est probable que les conditions de climat ne sont pas
sans influence sur la mortalité tuberculeuse infantile. Nous réservons
pour un travail spécial sur la mortalité tuberculeuse générale l'examen
de cette question.

La tuberculose a emporté en six ans 3.938 enfants, ce qui fait
656 par an.

Maladies des voies respiratoires. — Elles causent à Paris 172.54 décès
sur 1.000. Les 11 premières villes de France perdent de ce chef
140.99 sur 1.000 et les 47 villes qui viennent ensuite 134.10. La mortalité est au-dessus de la moyenne à Lyon, Marseille, Saint-Étienne,
Bordeaux, Roubaix, Lille, Dunkerque, Calais, Clichy, Saint-Quentin,
Saint-Ouen (409.45 sur 1.000 décès de 0 à 1 an), Rochefort, Saint-
Nazaire, Boulogne-sur-Seine, le Creusot (282.72 sur 1.000 décès de 0
à 1 an), Levallois, Béziers (317.18) Montluçon, Grenoble, Périgueux,
Nîmes, Avignon et Pau.

Ici l'influence du climat doit se faire sentir et on remarquera que
les villes du Midi les plus fortement atteintes sont les villes à mistral ;
chacun connaît la température glaciale qu'amène subitement ce vent
qui naît dans la vallée du Rhône et s'élargit en éventail sur les plaines
du Languedoc et de Provence, depuis les Cévennes jusqu'aux massifs
des Maures et de l'Estérel. Il doit cependant y avoir une autre influence

agissant à côté du climat. Sans parler de Rouen dont les chiffres sont contestables en raison du nombre de décès par causes inconnues, nous voyons Marseille et Bordeaux avoir une mortalité plus forte par maladies des voies respiratoires que Lille et le Havre. Toulon (110) a une plus forte mortalité que Bourges (44), Pau (180.37) que Clermond-Ferrand (98.43), Montpellier a une plus forte mortalité que Reims. Prenons trois villes maritimes placées dans des conditions très voisines. Lorient, Cherbourg, Brest; elles sont sous un climat tempéré et le voyageur est tout surpris de trouver dans leurs jardins et leurs campagnes la végétation vigoureuse des bords de la Méditerranée; eh bien, sur 1.000 enfants décédés de 0 à 1 an, Lorient en perd 76 par maladies des voies respiratoires, Cherbourg 86 et Brest 122.

Ces contradictions ne peuvent s'expliquer que par l'introduction d'un nouveau facteur de la mortalité; on ne s'explique pas autrement ces variations de ville à ville placées sous un ciel également sévère ou clément. Dans certaines villes, comme Troyes, il est facile de voir la cause de la faible mortalité par maladies des voies respiratoires; la mort est arrivée à ses fins par une autre voie. Mais les habitudes de vie locale ont probablement une action; dans les villes du midi, où l'on vit en plein air toute l'année, on voit souvent les enfants à demi nus; n'est-ce pas une indication et la mortalité par maladies des voies respiratoires n'est-elle pas due, en partie du moins, au défaut de soins? Cette vue n'est-elle pas confirmée par l'expérience des médecins des grands hôpitaux d'enfants? Cela est si vrai qu'en juin la mortalité par maladies des voies respiratoires est plus forte qu'en octobre; on met aux enfants des vêtements plus chauds dès les premières fraîcheurs de l'automne, au lieu qu'au printemps, on tend, dans le Midi, à les découvrir trop vite et on les fait surprendre par les brusques changements de température.

Au point de vue saisonnier, ainsi qu'il faut s'y attendre, la mortalité par maladies des voies respiratoires suit une marche inverse de la mortalité par diarrhée et ce sont les mois d'hiver qui sont le plus chargés.

Sur 1.000 décès de 0 à 1 an, se produisant chaque mois, il s'en est produit par maladies des voies respiratoires.

Janvier,	263.2	Mai	115.9	Septembre	61.8
Février,	239.9	Juin	107.3	Octobre,	89.3
Mars,	228.9	Juillet	61.6	Novembre,	172.6
Avril,	200.9	Août	56.4	Décembre,	246.2

3.

Ces chiffres résultent de l'ensemble de la mortalité infantile urbaine de la France. Ainsi que le montre le graphique n° 3, la courbe descend régulièrement jusqu'en août et remonte non moins régulièrement.

Les maladies des voies respiratoires ont, en six ans, tué 23.485 enfants de moins d'un an, soit 3.914 par an. Le chiffre est respectable!

Débilité congénitale. — Sur cette cause de mort, nous avons non seulement les renseignements pour Paris et les villes de France jusqu'à 30.000 habitants, mais encore pour 622 villes de moindre importance.

Le ministère est très avare de détails sur ce groupe qui comprend cependant la quantité peu négligeable de 5.892.034 habitants qui en six ans ont fourni 790.576 décès de tout âge, soit 131.763 par an. Ces décès comprenaient 132.923 décès de 0 à 1 an, soit par an 22.154 et pour 1.000 décès de tout âge 168.13 de 0 à 1 an.

Les villes de 20 à 30.000 habitants, pour 1.000 décès de tout âge ont perdu 161.73 enfants de 0 à 1 an.

Les villes de 10 à 20.000 habitants en ont perdu 162.56.

Les villes de 5 à 10.000 habitants, 181.24.

Les villes de moins de 5.000 habitants, 135.66.

Ces moyennes sont fournies par des villes qui sont dans des conditions si différentes qu'il serait téméraire d'en tirer une conclusion.

Nous ne saurions affirmer que la rubrique débilité congénitale exprime toujours des faits scientifiquement établis; sans doute, elle dissimule bien des fois des diagnostics peu précis. Cette réserve formulée, nous sommes forcés de prendre les chiffres tels que nous les donnent les documents officiels.

Sur 1.000 décès de 0 à 1 an, Paris en enregistre 182.98 par débilité congénitale.

Cette cause de mort, dans les 11 premières villes de France produit 147.09 décès. L'élévation de la moyenne est due à Lyon qui a 320 décès par cette cause et à Toulouse qui en a 249.

Les 47 villes qui suivent dans l'ordre de la population, ont une moyenne de 186.32 décès par débilité congénitale sur 1.000 décès de 0 à 1 an.

Sont au-dessus de la moyenne: Tourcoing (283), Calais (278), Saint-Denis (253), Saint-Nazaire (239), Brest (280), Lorient (351), Béziers (351), Montluçon (317), Perpignan (190), Cherbourg (198), Tours (289), Besançon (305), Orléans (195), Périgueux (198), Angou-

MORTALITÉ MENSUELLE PAR DIARRHÉE ET MALADIES DES VOIES RESPIRATOIRES DANS LES 59 PREMIÈRES VILLES DE FRANCE
(1892-931)

(ENFANTS DE 0 A 1 AN)

■ *Diarrhées gastro-entérite* ■ *Voies respiratoires*

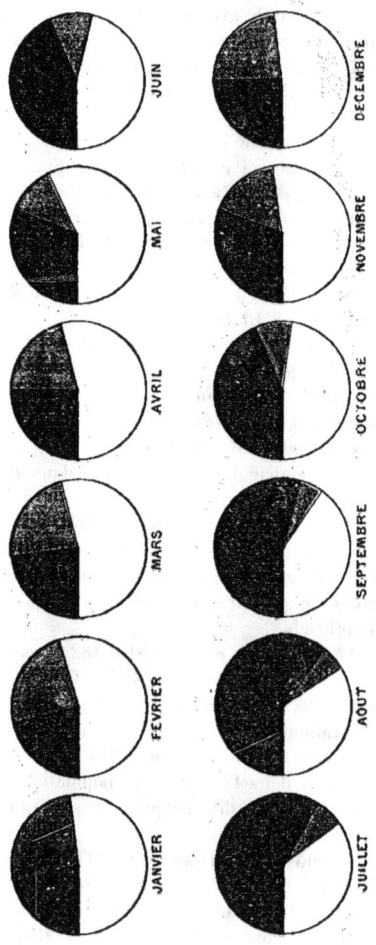

Fig. 3.

lème (318), Montpellier (288), Bourges (248), Clermont-Ferrand (293), Laval (186) et Pau (251).

Quant au groupe de 622 villes à population inférieure à 30.000 habitants, sur 1.000 décès de 0 à 1 an, il en fournit 188.88 par débilité congénitale.

De quelles causes relève la débilité congénitale? Dans la grande majorité des cas, des tares pathologiques des parents, de l'alcoolisme, de la syphilis, de la tuberculose, peut-être des intoxications anciennes par les maladies infectieuses, du surmenage des mères pendant la grossesse et de toutes les causes analogues. On n'est donc pas désarmé si l'on veut en attaquer les causes.

Quand elle se produit, on n'est pas désarmé encore. Tout récemment M. le Pr Budin a montré ce qu'on pouvait obtenir avec de la surveillance et des soins intelligents; sous sa direction, à la clinique Tarnier, la mortalité des débiles a varié entre 13 et 2 p. 100 (le *Nourrisson*, p. 124).

La débilité congénitale, en six ans, prise sur la population urbaine de la France, a causé 52.332 décès, soit 8.722 par an. Si nous prenons les chiffres de M. Budin et les résultats qu'il a obtenus, on peut estimer, approximativement, que ce total des décès aurait pu être abaissé à 5 ou 6.000 environ. On a laissé près de 44.000 enfants aller peupler les cimetières.

Autres causes. — Toutes les causes de décès autres que celles que nous avons énumérées dans nos tableaux, sont, dans les statistiques ministérielles, comprises sous la rubrique autres causes. On a d'abord la pensée que ces décès relèvent dès lors d'une étiologie inéluctable, sur laquelle l'hygiène ne peut rien. Nous pensons que ce chapitre peut être fortement réduit.

En effet, une des causes qui sont le plus souvent comptées dans ce chapitre sont les convulsions. Une étude spéciale que nous avons faite sur la ville de Nice et qui porte sur 13 années, nous indique pour cette période : 1.232 décès de 0 à 1 an rangés sous la rubrique autres causes; parmi ces décès, 732 par convulsions. Comme il y a eu 4.550 décès de 0 à 1 an de 1887 à 1899, ces chiffres nous donnent les proportions de 160,87 décès par convulsions sur 1.000 décès de 0 à 1 an et de 594,15 décès par convulsions sur 1.000 décès rangés sous la rubrique : autres causes. On juge par là de l'importance qu'ont les décès par convulsions dans la mortalité infantile. Malheureusement, les documents ministériels ne donnent aucun renseignement sur ce point. Or l'alcoolisme, la syphilis des parents, la tuberculose, les intoxications alimentaires des nourrissons ne sont-ils pas les facteurs principaux de l'étiologie des convulsions? certainement la même réflexion peut être faite pour d'autres causes de mort et sur ce chapitre encore, la part de la mort peut être fortement rognée. Pour Paris et les 58 premières villes de France, les décès par autres causes représentent 29.829 décès soit, par an, 4.971, et, sur 1.000 décès de 0 à 1 an, 187.08. Si les proportions de Nice étaient applicables à ces chiffres, on aurait, pour les six ans considérés 17.723 décès par convulsions, qui sont en grande partie évitables.

Si maintenant nous jetons un coup d'œil d'ensemble sur la mortalité infantile urbaine, nous voyons que, de 1892 à 1897, sur un chiffre d'habitants qui ne comprend que le cinquième de la population totale,

La diarrhée a produit.	61.337 décès.
Les maladies infectieuses	7.911 —
Les maladies des voies respiratoires	23.485 —
La tuberculose.	3.938 —
Total.	96.671 —

et par an 16.112 décès. Ces chiffres donnent la proportion de 606.30 pour 1.000 décès d'enfants, et ces décès sont tous théoriquement évitables. A cette perte il faut ajouter 52.332 décès par débilité congénitale, en moyenne 179 pour 1.000 décès.

Or des décès par cette cause, M. Budin en a évité les 9/10e; si nous ajoutons ces 9/10e, soit environ 160 pour 1.000 d'après nos proportions, aux 606 décès dus aux maladies évitables, cela fait 766 décès évitables sur 1.000 et ce n'est pas fini ; les causes inconnues, les autres causes, convulsions, etc., nous donneraient encore un bénéfice, de sorte que l'on peut dire que les 3/4 au moins des enfants qui meurent, meurent par notre faute.

Oui, en six ans, 220.000 enfants sont morts, qu'on aurait pu sauver; peut-on s'imaginer ce que cela représente de douleurs, de deuils, de désespoir? Quelle catastrophe approche de celle-là? Quel champ de bataille nous présenterait une pareille horreur? Oui, 220.000 mères ont pleuré devant un berceau vide ; que diraient-elles si elles savaient que leur enfant aurait pu être sauvé et quelle émeute pourrait être comparée au soulèvement formidable de leur indignation et de leur colère ?

Le ressort vrai de la puissance d'un peuple est le nombre de ses citoyens. Nous laissons mourir tous les ans 36.000 enfants. Sur ce nombre, 1/5° environ serait mort avant la vingtième année. En acceptant cette défalcation qui peut être fortement réduite (nous en avons la preuve que nous donnerons dans un autre travail), nous arrivons à cette conclusion que la population urbaine de la France, comprenant environ le tiers de la population totale, perd bénévolement tous les ans 30.000 adultes de vingt ans, 15.000 soldats ! Si le reste de la population donne le même déchet, c'est un corps d'armée que nous coûtent tous les ans l'ignorance, l'incurie et l'alcool ! c'est la force d'expansion de la France qui s'amortit et qui tombe, c'est l'affaiblissement graduel, c'est la décadence, c'est la chute de la patrie.

Nous avons dit dans le premier chapitre de ce travail que la mortalité normale de l'enfance nous paraissait être 80 p. 1.000 décès de tout âge. Ce chiffre est la moyenne des 38 villes les plus fortunées sur lesquelles nous avons des renseignements ; il est la moyenne ou voisin de la moyenne des départements agricoles de l'Ain et du Gers. Il se trouve corroboré par une autre considération.

Examinons le graphique n° 3, chaque colonne représente pour chaque année la proportion relative de chaque cause de mort pour 1.000 décès de 0 à 1 an. Les parties teintées indiquent la mortalité par diarrhée et par maladies théoriquement évitables ; la partie noire représente la proportion des décès classés sous la rubrique : autres causes. Les proportions sont fournies par Paris et les 58 premières villes de France. Retranchons du tableau toutes les parties teintées ; il nous reste les colonnes noires dont les sommets jalonnent une ligne presque horizontale. Ces colonnes indiquent pour 1.000 décès de 0 à 1 an, 200 décès environ et nous avons vu que le chiffre est encore réductible ; cette proportion équivaut, pour 1.000 décès de tout âge, à une mortalité infantile comprise entre 70.1 et 90.9, nombres dont la moyenne est 80. Ce chiffre paraît donc bien exprimer la valeur de la mortalité infantile normale.

Le graphique n° 6 traduit aux yeux ce qui resterait de la mortalité infantile (segment blanc) après défalcation des décès évitables.

Si on donne un coup d'œil à la colonne du tableau II qui donne les communes à mortalité maxima, on verra que cette mortalité est bien

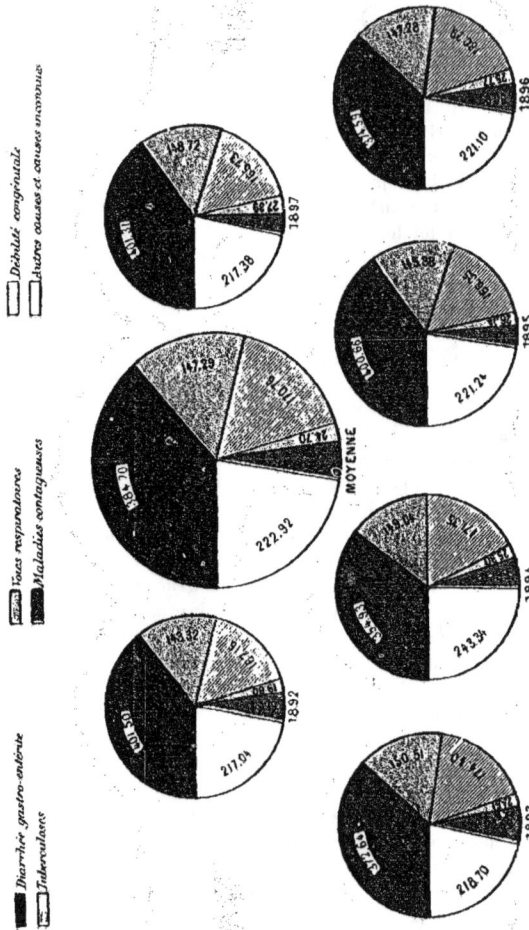

Fig. 6.

INTENSITÉ RELATIVE DES CAUSES DE MORT DE 0 A 1 AN DANS LES 50 PREMIÈRES VILLES DE FRANCE

Le cercle entier représente 1 000 décès d'enfants de cet âge.

double, triple, et même plus de ce chiffre de 80 pour 1.000 décès.

Si d'autre part, on diminue des trois quarts le nombre de décès infantiles, on trouve que 1.000 décès généraux ne donnent plus que 41 décès d'enfants pour 1.000. Nous ne trouvons que deux communes qui soient voisines de ce chiffre : Clermont (Oise) avec 37.69 décès d'enfants pour 1.000 décès et Nanterre 42.64 décès d'enfants, et ce chiffre paraît la limite idéale à laquelle on pourrait arriver.

Mais la limite de 70.90 pour 1.000 peut être atteinte nous en trouvons la preuve dans le tableau suivant.

TABLEAU XVIII

Communes où il y a 90 à 100 décès d'enfants pour 1.000 décès de tout âge.			22
—	80-90	—	15
—	70-80	—	13
—	60-70	—	4
—	50-60	—	2
—	40-50	—	1
—	30-40	—	1
Au-dessous de 30			0
			58

dont 36 avec 90 décès au maximum.

On conçoit d'ailleurs qu'on ne puisse chercher dans cette voie qu'une valeur de comparaison très approximative.

NOTE. — (Remarquer que ce chiffre est le rapport des décès d'enfants aux décès de tout âge. Quand nous avons dit que la mortalité infantile pouvait être diminuée des trois quarts, nous ne considérons plus que les décès de 0 à 1 an. Il n'y a pas de contradiction entre les deux assertions ; dans chacune d'elles, les décès infantiles sont comparés à des quantités différentes.)

Certes nous ne voulons pas dire que la pratique donnera tout ce que la théorie promet. Les auteurs de ce travail luttent tous les jours depuis quinze ans avec la réalité des choses ; ils savent que de difficultés arrêtent, que de résignations s'imposent. Nous avons voulu nous borner à montrer quelles conquêtes sur la mort étaient possibles, quelles ambitions pouvaient, devaient s'éveiller. En faisant une large part aux impossibilités, en limitant de près les espérances, on nous accordera qu'il reste un bénéfice très enviable à réaliser et que ce bénéfice, aussi réduit qu'on le voudra, aura encore une influence puissante sur le bonheur et la grandeur de notre pays.

Que faut-il faire pour atteindre ce résultat?

Nous ne voulons pas nous improviser législateurs ni même gouvernants ; cependant nous avons vu les choses d'assez près pour nous être formé une opinion et nous avons le droit de la formuler.

D'abord il faut qu'à tout moment, l'administration ait le moyen de connaître exactement ce qui se passe. Le service de statistique laisse beaucoup à désirer : il présente les lacunes les plus graves, ses publications sont tardives, incomplètes ; les renseignements ne sont pas sérieusement contrôlés à leur origine.

L'administration française de la médecine publique présente ceci de particulier que tout le monde y commande. On chercherait en vain dans le personnel médical ou administratif qui a mission d'obéir, et on assiste à ce spectacle étrange de l'État intervenant et voulant commander dans des services départementaux ou municipaux qu'il ne paye pas ; l'État y trouve des collaborateurs dévoués mais non des subordonnés.

Les administrations locales souvent n'ont ni le temps, ni la compétence nécessaires ; on compte sur la bonne volonté des médecins cantonaux, des bureaux d'hygiène et des médecins des épidémies, etc. La bonne volonté est incontestable, mais on n'a pas toujours les moyens de la mettre en pratique. Les médecins cantonaux, mal payés, sont forcés de gagner leur vie d'abord : les bureaux d'hygiène, souvent absorbés par les affaires locales, ne peuvent les négliger pour répondre à des exigences souvent intempestives : les médecins des épidémies n'ont pas les moyens matériels de fournir tous les renseignements demandés. Chacun regarde les statistiques ministérielles comme un surcroît de travail qui fait négliger les occupations urgentes et sans aucune compensation : on veut bien y répondre par occasion, à propos d'un fait particulier, mais on se refuse à une charge continuelle. Si l'on veut des renseignements sérieux et réguliers il faut payer ceux qui les recueillent.

Ces renseignements doivent être réunis et publiés sous la forme qui sera la plus instructive ; il faut que cette publication se fasse assez rapidement pour qu'on puisse à temps prendre les mesures de préservation nécessaires. Actuellement, les renseignements statistiques paraissent trois ans après les faits qu'ils concernent et encore sont-ils bruts, il faut encore les triturer par de longs et laborieux calculs pour en tirer quelque chose. Quand on a obtenu un résultat, il n'a plus qu'une valeur historique.

Une fois l'État bien renseigné, il peut agir. La besogne ne va pas lui manquer. Est-il bien outillé pour l'accomplir? Le projet de loi sur la protection de la santé publique attend sur le bureau du Parlement un jour de discussion que notre génération ne verra probablement pas. La loi sur l'assistance est basée sur le concours financier des communes : ce concours, bien des communes sont impuissantes à le donner et l'État refuse précisément son aide aux communes qui en ont le plus besoin. La participation de l'État aux dépenses est soumise à tant de conditions qu'il est à peu près impossible qu'elles soient remplies; dès lors la participation de l'État fait défaut. L'application de cette loi sera toujours boiteuse et imparfaite.

Il faut que la politique de l'État se modifie ; il ne doit plus se borner à énoncer de beaux principes et à les inscrire pompeusement en tête des lois ; il faut que ces lois soient pratiques, applicables ; l'argent nécessaire à leur application, il ne faut pas aller le chercher dans la poche des autres, trop souvent vide ; il faut en apporter sa part et assister les communes pauvres comme on assiste les individus indigents. Que l'État obtienne des crédits, qu'il prenne une part des charges des communes indigentes, qu'il permette seulement aux départements de payer la part de ces communes sans perdre le droit au concours de l'État et tout deviendra facile; on assistera les populations malheureuses, on trouvera des médecins, des hôpitaux, des secours de toute espèce ; sans l'aide financière de l'État, on n'obtiendra que lentement des résultats très imparfaits.

Mais il ne faut pas tout demander à l'État. En ce qui concerne la diarrhée infantile et l'élevage des débiles, M. le Pr Budin a montré quels admirables résultats on pourrait atteindre : ces résultats ont été confirmés par ceux de MM. les Drs Variot, H. de Rothschild, Dubrisay père, Boissard, Berlioz, etc. Nous devons une mention spéciale à M. le Dr Dufour, de Fécamp, dont l'œuvre de la Goutte de Lait est une des plus honorables manifestations de la philanthropie médicale. La ville de Paris sous l'influence de M. P. Strauss est entrée dans cette voie, si pleine de promesses; en plus des consultations des nourrissons installées dans les hôpitaux, elle en a organisé sept dans divers quartiers et compte ne pas s'arrêter là.

Ces œuvres sont basées sur la surveillance des nourrissons et la distribution gratuite, à prix réduit ou payante de lait de bonne qualité, stérilisé. Certaines crèches, certains services ont une mortalité nulle : M. Dufour, à Fécamp, a, dans son service une mortalité inférieure des deux tiers à la mortalité de la ville. Ce n'est donc pas une chimère que l'on poursuit.

Or, à part la ville de Paris, combien de villes inscrivent-elles à leur budget une somme quelconque pour acheter du lait et pour empêcher les enfants de mourir? Combien de Conseils généraux ont-ils voté un crédit pour cet objet? Et pourtant on trouve de l'argent pour faire courir des chevaux et payer des danseuses.

C'est ici que l'État a le pouvoir et le devoir d'intervenir : il doit faire connaître le mal, peser sur les villes et les départements pour qu'ils le combattent ; il doit aider, subventionner les œuvres administratives ou privées qui protègent les nourrissons ; les distinctions flatteuses ne suffisent pas ; elles satisfont les amours-propres, mais ne sauvent pas un enfant : c'est de l'argent qu'il faut et il ne faut demander aux bonnes volontés que de bien l'employer.

Enfin, la charité privée offre d'immenses ressources ; quand elle connaîtra le mal qui nous ronge, elle ne marchandera pas son or ; mais il faut lui demander plus ; il faut que des comités se forment, que les nourrissons soient surveillés, visités, amenés à la consultation ; il faut que les bureaux de bienfaisance et d'assistance se prêtent à cette œuvre, que les sociétés protectrices de l'enfance s'organisent dans ce but spécial et il est impossible que la réunion de tous ces concours ne produise pas une atténuation du mal intolérable que nous avons décrit.

Les mêmes œuvres locales pourront également diminuer la mortalité par maladies des voies respiratoires ; elles surveilleront, elles éclaireront les mères, elles les mettront en garde contre leur imprudence ; elles distribueront des vêtements ; elles peuvent donc exercer une influence individuelle qui retentira certainement sur la mortalité.

L'étude de la lutte contre la tuberculose infantile appartient à l'histoire de la lutte générale contre la tuberculose. On connaît les efforts qui commencent à se manifester dans ce but et nous insisterons peu sur cette question qui mérite de prendre place dans une étude plus générale.

Nous pourrions faire la même observation sur la mortalité infectieuse. L'État, par la loi de 1893, a fait un effort sérieux pour la réduire, mais les résultats n'ont pas répondu à ses vœux. La déclara-

tion des maladies infectieuses ne se fait que très inexactement ; si par
hasard un abstentioniste est poursuivi, il lui suffit d'invoquer des incer-
titudes de diagnostic et les tribunaux l'acquittent : nous avons vu la
chose se produire à propos d'une épidémie de variole née par l'imprudence d'un médecin. Cette loi n'a donc qu'une sanction illusoire. Le
meilleur moyen d'engager les médecins à déclarer régulièrement les
cas des maladies infectieuses serait de leur montrer que ces déclara-
tions servent à quelque chose. Mais que font les municipalités à la
réception de ces cartes de déclaration ? les plus zélées les classent
dans des cartons.

Les médecins ont tort de ne pas se conformer à la loi ; s'ils faisaient
connaître à l'autorité les maladies infectieuses qui tombent sous leur
observation, ils donneraient les éléments d'une détermination exacte
de leur cause et des mesures convenables pourraient être prises. Leur
inexactitude donne prétexte à l'inertie des municipalités qu'ils invoquent
à leur tour comme excuse. Il y a là un cercle vicieux qu'il faut briser.

Il est étrange que la loi abandonne aux municipalités un intérêt de
premier ordre comme le soin de la santé publique, la sauvegarde de la
population et ne laisse aux préfets qu'un droit assez vague et peu applicable de surveillance. Les municipalités sont quelquefois trop soumises
aux influences peu éclairées qui les dominent pour s'acquitter convena-
blement de leur grave mission.

On conçoit que l'État abandonne aux villes puissantes le soin de
leur assainissement ; mais que fait-il pour assainir les petites villes, les
villages ? A propos d'une fièvre typhoïde ou d'une scarlatine, il les
inonde de papiers et de bons conseils qui n'ont même pas le mérite
d'arriver à propos ; mais son assistance effective est nulle. On n'arri-
vera à faire comprendre aux municipalités que la sauvegarde de la
santé publique est le premier devoir et le premier intérêt social qu'en
ouvrant le trésor public à ceux qui travaillent à protéger la santé des
citoyens.

Les enfants dont le décès est compris sous la rubrique débilité congénitale étaient les héritiers d'une foule de tares pathologiques sur lesquelles l'hygiène, la médecine, la sociologie n'ont pas de prise ; mais
combien relèvent de la syphilis, de l'alcoolisme, du surmenage des
mères ? Non seulement il faut lutter contre leur inexpérience et leur
ignorance, il faut leur apprendre à élever leurs enfants, à les main-
tenir dans des conditions d'hygiène convenables : il faut mettre à leur

portée du lait de bonne qualité et à bas prix quand le lait maternel est
insuffisant; il faut lutter contre l'alimentation et le sevrage prématurés,
ce qui est surtout l'œuvre de l'assistance privée : mais il faut lutter

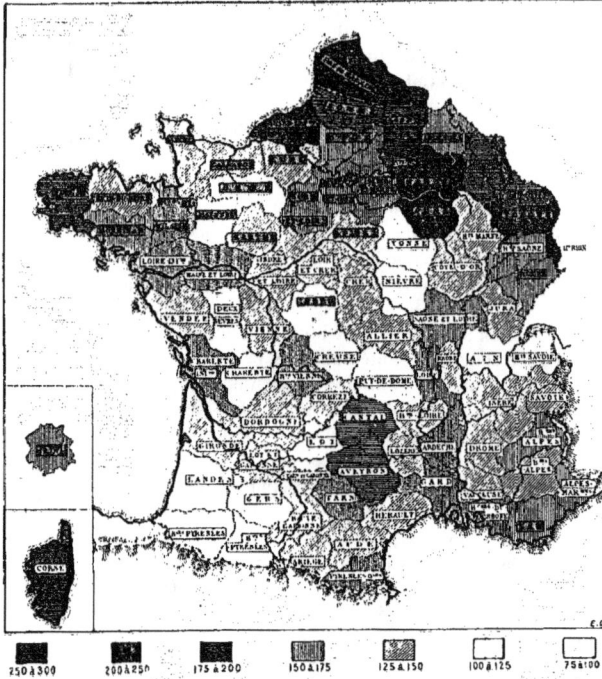

Fig. 7.

Répartition de la mortalité infantile dans les départements français. (Les départements marqués
en rouge sont ceux qui ont la plus forte consommation d'alcool.)

contre le retour prématuré à l'usine, à la fabrique où l'on va chercher
un surcroît de salaire qui passe trop souvent au cabaret; il faut lutter
contre l'encombrement et l'insalubrité des logements ouvriers; enfin il
faut lutter contre la syphilis, contre l'alcool qui diminue les ressources

4

de la famille, qui diminue l'énergie de l'organisme chez les parents et empoisonne l'enfant avant sa naissance. Ici, il faut bien que l'État intervienne. Le travail des femmes pendant la grossesse, le retour des accouchées à l'atelier sont des points bien délicats de la science sociale ; nous n'osons y toucher ; nous livrons le problème aux hommes compétents. L'hygiène des habitations ouvrières est bien protégée par la loi sur les logements insalubres, mais la loi n'est pas appliquée et elle est bien difficilement applicable ; malheur à la municipalité qui s'aventure dans les procédures compliquées qu'exige son application ; il faut des années pour arriver à un résultat et dès lors il y a bien des chances pour que l'affaire tombe. Cette législation doit être revisée.

Que dirons-nous du rôle de l'État en ce qui concerne l'alcool ? qu'on jette un coup d'œil sur la carte de France que nous présentons ; les départements à forte mortalité infantile sont les départements à forte consommation d'alcool. Les villes les plus atteintes sont les villes ouvrières où l'alcool s'allie à l'insalubrité des logements, au surmenage, à la tuberculose, à la syphilis pour faucher la population infantile. Qu'on parcoure nos listes de villes à forte mortalité ; toutes les villes ouvrières y figurent. Mais dès qu'on élève la voix et qu'on signale le péril, l'État se révolte : ne touchez pas à l'alcool ; c'est lui qui supporte le budget ; il fait la fortune d'une bonne partie du territoire ; les bonnes marques de liqueurs atteignent une valeur colossale et les bouilleurs de cru sont de braves gens qui ne demandent qu'à être oubliés : si vous touchez à l'alcool, vous nous ruinez. Vous nous tuez, répondrons-nous ; ne voyez-vous pas que nous mangeons notre blé en herbe, que les générations futures sont compromises et qu'à la manière dont marchent les choses ces millions que l'alcool nous gagne, nos enfants seront impuissants à les défendre et à en jouir et qu'ils risquent d'aller grossir le trésor de Spandau. Il n'est que temps de réagir ; l'alcoolisme est l'ennemi qu'il faut combattre sans relâche et sous toutes ses formes ; la propagande individuelle, l'exemple sont de bons moyens, mais ils ne sont pas assez puissants ; l'intervention de l'État est indispensable ; par des mesures de police, par des mesures légales, fiscales, il doit s'opposer à la progression formidable de l'alcoolisme. Si ces mesures l'État ne les prend pas il se fait complice de la mort.

Nous n'insistons pas plus longuement sur les mesures à prendre ; l'œuvre tentera certainement des hommes plus habiles que nous et nous leur en laissons le mérite. Nous avons voulu mesurer le péril national, en montrer la gravité, l'urgence. Nous demandons à l'Académie d'écouter notre cri d'alarme, de juger nos revendications et, si elle les juge fondées, de faire connaître aux pouvoirs publics, avec l'autorité qui lui appartient, le danger que court la population française et les mesures propres à l'enrayer.

4.

CONCLUSION

1° Le service de la statistique sanitaire doit être organisé : les publications officielles présentent de graves lacunes ; elles sont incomplètes et tardives ; les renseignements ne sont pas contrôlés. Une bonne statistique est un guide indispensable pour les réformes à opérer.

2° L'État a le devoir : de demander et d'appliquer une loi sur la protection de la santé publique ; de favoriser l'application de la loi sur l'assistance et d'accorder plus largement son concours en cette matière ; de modifier la loi sur la protection de l'enfance et d'en élargir considérablement l'action ; d'aider les villes qui entreprennent de s'assainir ; de faire étudier la question du retour prématuré des mères à l'usine, de lutter contre l'encombrement et l'insalubrité des logements ouvriers, contre la syphilis, contre l'alcoolisme ; de susciter et de soutenir les initiatives des communes, des institutions charitables, des œuvres privées, etc., qui organiseront la surveillance réelle des nourrissons, les distributions de lait, etc.

3° Il appartient à la charité privée de soutenir les œuvres destinées aux nourrissons, de les développer, de les multiplier et surtout d'organiser des comités chargés d'instruire les mères et de leur apprendre à élever leurs enfants, de surveiller les nourrissons et de veiller à l'application des mesures prises dans leur intérêt.

TABLE DES MATIÈRES

ÉVREUX, IMPRIMERIE DE CHARLES HÉRISSEY

Défauts constatés sur le document original

Contraste insuffisant ou
différent, mauvaise qualité
d'impression.

Under-contrast or different,
bad printing quality

www.ingramcontent.com/pod-product-compliance
Lightning Source LLC
Chambersburg PA
CBHW072019290326
41934CB00009BA/2128